Texte détérioré — reliure défectueuse
NF Z 43-120-11

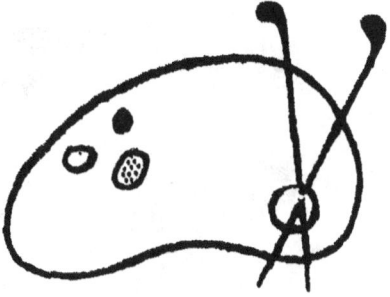

Début d'une série de documents en couleur

VALABLE POUR TOUT OU PARTIE DU
DOCUMENT REPRODUIT

BIBLIOTHÈQUE CONTEMPORAINE

CHARLES MONSELET

PROMENADES
D'UN
HOMME DE LETTRES

PARIS
MICHEL LÉVY, ÉDITEUR
RUE VIVIENNE, 2 BIS, ET BOULEVARD DES ITALIENS, 15
À LA LIBRAIRIE NOUVELLE
1869

NOUVEAUX OUVRAGES EN VENTE

Format in-8°.

	fr. c.
DUC D'AUMALE	
Histoire des Princes de Condé, t. I à IV	30 »
A. BARDOUX	
Madame de Custine, 1 vol.	7 50
DUC DE BROGLIE	
Marie-Thérèse Impératrice, 1744-1746, 2 vol.	15 »
DÉSIRÉ NISARD	
Souvenirs et notes biographiques, 2 vol.	7 50
EDMOND SCHERER	
Melchior Grimm, 1 vol.	7 50
LUCIEN PEREY	
Histoire d'une grande dame au XVIIIe siècle. — La princesse Hélène de Ligne. — La comtesse Hélène Potocka, 2 vol.	15 »
COMTE DE RAMBUTEAU	
Lettres du maréchal de Tessé, 1 vol.	7 50
ERNEST RENAN	
Drames philosophiques, 1 vol.	7 50
Histoire du peuple d'Israël, t. I	7 50
G. ROTHAN	
La Prusse et son roi pendant la guerre de Crimée, 1 vol.	7 50

Format grand in-18, à 3 fr. 50 c. le volume.

	vol.
ANONYME	
La Neuvaine de Colette	1
L'AUTEUR DES HORIZONS PROCHAINS	
Dans les prés et sous les bois	1
RENÉ BAZIN	
Une Tache d'encre	1
PAUL BOURGE	
En Corse	1
RHODA BROUGHTON	
L'Amour esclave et maître	1
ÉDOUARD CADOL	
Mariage de princesse	1
MARQUIS DE CASTELLANE	
Madame Béguin	1
ÉDOUARD DELPIT	
La Vengeance de Pierre	1
ALBERT DURUY	
L'Armée royale en 1789	1
H. DE LA FERRIÈRE	
Amour mondain, Amour mystique	1
A. GENNEVRAYE	
Les embarras d'un capitaine de dragons	1
F. DE GIRODON-PRALON	
Péché originel	1
GYP	
Pauvres p'tites femmes!	1
COMTE D'HAUSSONVILLE	
Prosper Mérimée — Hugh Elliott	1
H. LAFONTAINE	
Thérèse ma mie	1
ANATOLE LEROY-BEAULIEU	
La France, la Russie et l'Europe	1
EUGÈNE MANUEL	
Poésies du Foyer et de l'École	1
ADRIEN MARX	
Petits mémoires de Paris	1
DÉSIRÉ NISARD	
Considérations sur la Révolution française et sur Napoléon Ier	1
RICHARD O'MONROY	
La Brune et la Blonde	1
PAUL PERRET	
Après le crime	1
A. DE PONTMARTIN	
Souvenirs d'un vieux Critique, 9e série	1
HENRY RABUSSON	
Le Mari de madame d'Orgevaut	1
J. RICARD	
La Course à l'amour	1
PIERRE SALES	
Mariage manqué	1
L. DE TINSEAU	
Ma cousine Pot-au-Feu	1
LOUIS ULBACH	
La Belle et la Bête	1

Paris. — Imprimerie J. CATRY, 3, rue Auber.

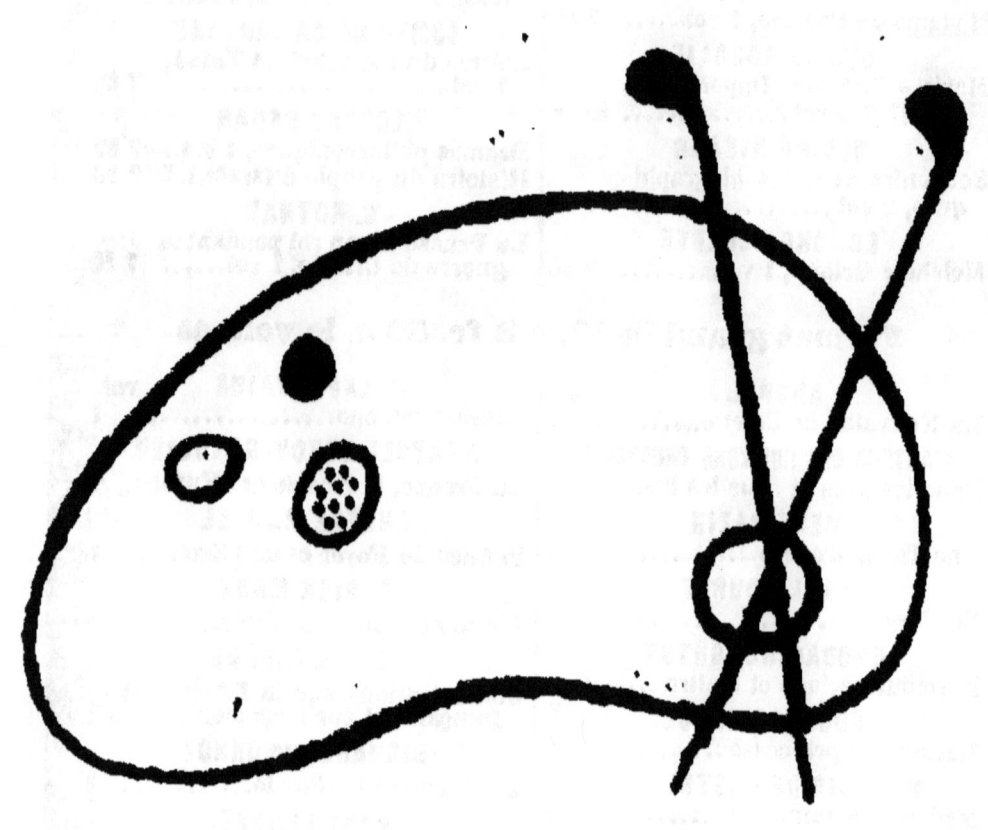

Fin d'une série de documents en couleur

PROMENADES

D'UN

HOMME DE LETTRES

CALMANN LÉVY, ÉDITEUR

DU MÊME AUTEUR

Format grand in-18

LES AMOURS DU TEMPS PASSÉ..................	1 vol.
LES ANNÉES DE GAIETÉ........................	1 —
L'ARGENT MAUDIT.............................	1 —
LES FEMMES QUI FONT DES SCÈNES.............	1 —
LA FIN DE L'ORGIE...........................	1 —
LA FRANC-MAÇONNERIE DES FEMMES.............	1 —
FRANÇOIS SOLEIL.............................	1 —
M. DE CUPIDON...............................	1 —
M. LE DUC S'AMUSE...........................	1 —
LES MYSTÈRES DU BOULEVARD DES INVALIDES.	1 —
LES ORIGINAUX DU SIÈCLE DERNIER.............	1 —
LES RESSUSCITÉS.............................	1 —
SCÈNES DE LA VIE CRUELLE....................	1 —
LES SOULIERS DE STERNE......................	1 —

Imprimeries réunies, B, rue Mignon, 2.

CHARLES MONSELET

PROMENADES

D'UN

HOMME DE LETTRES

NORD
OUEST + EST
SUD

PARIS
CALMANN LÉVY, ÉDITEUR
ANCIENNE MAISON MICHEL LÉVY FRÈRES
3, RUE AUBER, 3

1889

Droits de reproduction et de traduction réservés.

NORD

BEAUVAIS

1878.

J'avais vu les fêtes de Jeanne Darc à Orléans ; depuis longtemps, je voulais voir les fêtes de Jeanne Hachette à Beauvais.

Dimanche dernier, j'ai pu réaliser mon désir.

De Paris à Beauvais par Creil, il y a deux heures et demie de chemin de fer. — A partir de Chantilly, le voyage est une promenade à travers un jardin qui ressemble beaucoup à ceux de la Touraine. Même opulence et même variété de paysages, mêmes eaux vives, mêmes vallées ombreuses, et, comme fond d'horizon, même ligne onduleuse de coteaux couronnés de villas. — Le train ne cesse de courir entre deux haies fleuries : on pourrait cueillir des roses en étendant la main hors du wagon.

Voici, à Cirès-lez-Mello, les domaines du

baron Sellière, et, un peu plus loin, ceux du duc de Mouchy. — Heureuses gens! ils peuvent collectionner sur une échelle énorme les plus beaux Claude Lorrain et les plus magnifiques Troyon du monde!

Partout de grandes affiches annoncent : « Exposition de Beauvais et fête de Jeanne Hachette. » C'est dire que je tombe au milieu d'une ville toute pavoisée et tout enguirlandée, pleine du bruit des cloches d'église et de la sonnerie assourdissante des pompiers. — Oh! ces pompiers! il en arrive à chaque instant de tous les environs; il en débouche de toutes les rues, clairons et tambours en tête. Les pompiers naissent sous mes pas.

Il en vient de Méry et de Méru, de Senlis et de Clermont, de Gif et de Mouy, de Sérévillers, de Grandvilliers, de Moyvillers, de Rainvillers, de Bonliers, de Nivillers. — Il en sort de Saint-Just-des-Marais, de Saint-Leu-d'Esserent, de Saint-Léger-en-Bray, de Maisoncelle-Saint-Pierre, de la Croix-Saint-Ouen, d'Essuilles-Saint-Rimault, d'Estrées-Saint-Denis, de Villers-Saint-Frambourg, de Villers-Saint-Barthélemy, de Villers-Saint-Sépulcre.

On croit que c'est fini, et cela recommence.

Le chemin de fer verse encore des pompiers : trente, quarante, cinquante compagnies de la Neuville-sur-Oudeuil, de Sénéfontaine, de Grumesnil-Auneuil, de Montataire, — de Bailleul-sur-Thérain, de Marissel, de Cramoisy, de Puiseux-le-Hautberger, de Fresneaux-Montchevreuil, de Warluis, de Montherlant, de Rethondes, etc., etc.

C'est une inondation casquée.

Les uns sont enfermés, sanglés dans des uniformes irréprochables ; d'autres sacrifient à la fantaisie ; il y en a qui ont des blouses grises avec des boutons de cuivre et des ceintures marron. Tous paraissent animés d'une noble ardeur ; leur allure est martiale, belliqueuse.

A dix heures et demie du matin, on aurait pu compter plus de deux mille pompiers sur le pavé de Beauvais.

Dix heures et demie ! — c'est l'heure de la procession dite de *l'Assaut*.

Cette procession, d'un caractère très pittoresque, a lieu tous les ans, en commémoration du siège soutenu par les habitants de Beauvais contre les Bourguignons et Charles le Téméraire.

Par les habitants ? Il conviendrait mieux de dire par les habitantes, — car ce furent les femmes de Beauvais, guidées et exaltées par Jeanne Hachette, qui contribuèrent le plus à repousser les assaillants.

La *procession de l'Assaut* sort de la cathédrale et se déroule sur la place de l'Hôtel-de-Ville, une des plus vastes que je connaisse. J'ai pu en voir l'ensemble et en saisir tous les détails d'une fenêtre; — en bonne et précieuse compagnie de M. le docteur Gérard, de M. Boudeville, député de l'Oise, et de M. André Rousselle, membre du conseil général.

Les soldats du 51ᵉ régiment de ligne forment la haie sur cette immense place, curieuse par ses maisons à pignons, et au centre de laquelle s'élève la statue de Jeanne Hachette. — Je ne m'embarquerai pas dans une description minutieuse de la procession, semblable, dans ses éléments principaux, à toutes les processions; je n'insisterai que sur les points particuliers. — Le suisse est très beau, très passementé, très décoratif. Trois survivants de la Grande-Armée, dont un seulement en uniforme, me font songer au vaudeville : *Brouillés depuis Wagram*. Après le cortège habituel des collégiens, des orphelins, des congréganistes, une longue et blanche théorie de jeunes filles s'avance, portant l'étendard enlevé par Jeanne Hachette aux Bourguignons.

Ces jeunes filles se rangent au pied de la statue. Alors commence un spectacle unique. Du groupe des *autorités*, un fonctionnaire se détache, va offrir son bras à la première des jeunes filles et la conduit vers une pièce de canon. Il est imité par un autre fonctionnaire, — et ainsi de suite, jusqu'à extinction de fonctionnaires et de jeunes filles.

Ces jeunes personnes vont tirer le canon, tout simplement. C'est une tradition immémoriale et d'une belle fierté. — Ah! nos aïeux valaient mieux que nous! Qui donc, à notre époque, oserait proposer de fonder quelque chose de semblable?

Voyez-vous d'ici les railleurs!

La présence des principales autorités de Beauvais et du département à la *procession de l'Assaut* s'explique par le caractère plutôt patriotique que religieux de cette institution.

Leur attitude, quoique très correcte, garde un cachet mondain. Nous n'en sommes plus aux mines contrites, aux mains jointes, aux yeux blancs tournés vers le ciel.

Le général Vilette a fort bonne tournure et regarde particulièrement aux balcons. — Le préfet, M. Pradelle, n'a rien de la morgue des anciens préfets ; homme aimable, il a touché quelque peu à la littérature et il n'en rougit pas, comme certains autres personnages officiels.

Seul, M. le maire serait peut-être tenté de croire que *c'est arrivé*, mais il ne faut pas le regarder longtemps pour surprendre sur sa physionomie le sourire d'un augure.

L'exposition industrielle et horticole occupe des bâtiments improvisés à l'une des extrémités de la ville.

Elle m'a paru digne d'intérêt, et, dans tous les cas, ingénieusement organisée.

Je n'ai pas pu assister aux manœuvres des pompiers, — des deux mille pompiers réunis pour éteindre une maisonnette en bois, sur la place du Franc-Marché ; mais je suis tranquille. Il ferait beau voir que l'incendie eût résisté à un aussi grand nombre de casques ?

Pendant ce temps-là, je visitais la ville, j'allais de la rue du Poivre-Bouilli aux rues Beauregard et Saint-Pantaléon ; je fouillais les maisons vieilles, j'admirais l'église à demi ruinée de Saint-Étienne, où je constatais sur un vitrail ma ressemblance prodigieuse avec l'abbé Potier ; et je revenais toujours à la cathédrale, cette merveille incomplète, à la cathédrale, — *ce pot à l'eau dont*

Beauvais est la cuvette, selon l'expression exacte d'un jeune volontaire de mes amis. Je m'extasiais devant l'ancien palais des évêques de Beauvais (il était de ce nombre, l'odieux Cauchon, pour lequel la postérité n'aurait pas rêvé d'autre nom), défendu par deux tours et baigné de l'autre côté par une jolie rivière, où les peintres sauraient trouver de délicieux motifs.

J'aurais voulu rencontrer quelqu'une de ces antiques *vinaigrettes* dont les habitants se servent encore, dans les soirs d'hiver, — la *vinaigrette*, un compromis entre la chaise à porteur et la brouette, la brouette des anciens vinaigriers, célébrée par Mercier le dramaturge.

Mais que peut-on voir en douze heures ? La bibliothèque était fermée, naturellement, — la bibliothèque, si riche en manuscrits et en missels et dont un conservateur justement jaloux, à ce qu'on prétend, défend plutôt qu'il ne favorise l'accès. Fermé aussi le Musée, où j'aurais voulu voir la pierre tombale de dame Simonne Pocquelin, ce qui a fait supposer à M. Mathon — et, après lui, à MM. Eudore Soulié et Édouard Fournier — que les Pocquelin pouvaient bien être originaires de Beauvais. Pourquoi pas ?

L'heure du dîner me réclamait à la place Saint-

Michel, cette place silencieuse et herbue, où l'une des maisons les plus gracieusement hospitalières de Beauvais m'avait ouvert ses portes. Comment résister à cet appel d'une cloche, sonnée par le charme et la sympathie ?

Sitôt le dîner achevé, l'excellent docteur m'a conduit à l'enclos du Jeu-de-Paume, où la plus étonnante féerie m'attendait. Jamais les illuminations de l'avenue des Champs-Élysées ou de la place du Trône n'ont atteint aux splendeurs de ce champ de foire d'une ville de province, où plusieurs milliers de personnes dansaient aux accords d'un orchestre en plein air, — sous le doux et tiède regard d'une lune de juin.

Et je laisse à penser si les pompiers s'en donnaient.

COMPIÈGNE

I

UNE CONFÉRENCE

Prié pour une conférence à Compiègne, dimanche dernier, j'ai revu le palais-fantôme. « Ah! mes enfants, — comme aurait dit Villemessant, — quelle métamorphose! »

Herbe et silence.

C'est un miracle que les tableaux et les tapisseries aient échappé aux dévastations des Prussiens. Une partie de ce miracle doit être attribué à l'ancien régisseur, à M. Brissot-Warville, petit-fils du conventionnel. Très familier avec les nombreux souterrains qui s'étendent et se prolongent fort avant dans la ville, M. Brissot y a caché le plus d'objets précieux qu'il a pu.

Grâce à ce courageux citoyen, doublé d'un artiste, beaucoup de trésors ont été sauvés, qui sont aujourd'hui remis en place. Le personnel est bien réduit. Cependant, les visiteurs sont toujours nombreux, les Anglais surtout, qui viennent chercher un ressouvenir des fêtes impériales...

Donc, dimanche dernier, *ceux* de Soissons étaient venus voir *ceux* de Compiègne. De là, réjouissances publiques, vin d'honneur, musique, banquet et... conférence.

C'est sur l'invitation de mon ami M. Jules Troubat, bibliothécaire du palais, que j'étais venu apporter mon humble concours à cette réunion provinciale. Lui-même s'était chargé de la plus grosse besogne; il a lu un fort intéressant travail sur les armées de la première République, inspiré par un livre récent de M. Lorédan Larcey : le *Journal de marche du sergent Fricasse*. Les applaudissements les plus mérités ont salué cette glorification de nos grands-pères les mal chaussés.

Il ne m'est pas permis de parler de votre serviteur, qui doit sans doute à sa qualité d'homme de lettres l'accueil trop bienveillant qu'il a reçu des Compiégnois doublés des Soissonnais.

Mais les plus simples lois de la gratitude m'ordonnent d'adresser publiquement mes remerciements à M. le maire de Compiègne. — Ah! quel maire! Jamais l'urbanité et l'esprit ne furent poussés à un tel degré. Un peu plus, je me voyais écrasé sous les fleurs. Les administrés de M. Chovet doivent être les plus heureuses gens du monde.

Un voyage à Compiègne implique naturellement une excursion au château de Pierrefonds. Je suis donc allé à Pierrefonds, non pas avec un tricorne *lampion* sur le chef, comme d'aucuns y allaient du temps de l'empire. Je parlerai une autre fois de ce château célèbre, dont la restauration a coûté une dizaine de millions et se continue encore.

Certains archéologues m'ont avoué qu'ils le préféraient lorsqu'il était en ruines.

II

INAUGURATION
D'UNE STATUE DE JEANNE D'ARC

Encore une autre statue : celle de Jeanne Darc, inaugurée à Compiègne.

On comprend que la ville de Compiègne ait tenu à honneur, comme Orléans et comme Paris, d'élever une statue à la grande guerrière. C'est sous ses murs qu'elle a été faite prisonnière ; c'est dans ses murs que son image devait se dresser.

Hélas ! la trahison, autant que la fatalité, marqua les derniers pas de Jeanne d'Arc sur les champs de bataille. Le gouverneur de Compiègne, un jour qu'elle revenait d'une escarmouche, en couvrant, selon son habitude, la retraite de ses gens, — le gouverneur, dis-je, tremblant à la vue des Bourguignons qui s'approchaient, fit lever le pont-levis devant elle. Jeanne demeura presque seule ; acculée au fossé, elle se défendit désespérément.

— Rendez-vous et baillez votre foi ! lui crièrent les archers.

Enfin, on la tira de dessus son cheval et on la conduisit à Jean de Luxembourg.

Elle fut vendue dix mille livres aux Anglais.

Alfred de Musset, à qui la bosse du respect a toujours manqué, n'a parlé une fois de Jeanne Darc que pour lui cracher un mince jet de salive de ses lèvres d'impertinent dandy.

C'est dans le poëme de *Mardoche*, un simple polisson :

>Vous dire ses parents, cela serait trop long.
>Bornez-vous à savoir qu'il avait la Pucelle
>D'Orléans pour aïeule en ligne maternelle.

Je cherche en vain là dedans une once d'esprit.

Eh bien, ce que Musset disait en goguenardant, cent quarante-six ans auparavant un journaliste avait essayé de le dire sérieusement. On lit, en effet, dans le *Mercure*, de Vizé, de novembre 1683 : « Des pièces récemment découvertes donneraient lieu de croire que Jeanne Darc a été mariée et que, par conséquent, elle n'aurait pas été brûlée à Rouen, *mais quelque malheureuse à sa place.* »

Le *Mercure* s'appuie, pour cette étrange révélation, sur le témoignage d'un prêtre de l'Oratoire, le père Vignier. Le roman du bon père ne manque pas d'un certain fumet de légende,

« Cinq ans après le jugement de Jeanne Darc, dit-il, le vingtième jour de mai, la Pucelle Jeanne se montra à Metz. Le même jour, ses deux frères la vinrent voir ; ils croyaient qu'elle avait été brûlée ; mais, sitôt qu'ils la virent, ils la reconnurent. Ils l'amenèrent avec eux à Boquelon. Là, le sieur Nicolle lui donna un roussin, le sieur Aubert Boulle un chaperon, le sieur Grognet une épée. Et ladite Pucelle sauta sur ledit cheval, très habilement, et dit plusieurs choses à Nicolle. »

Le bon père a vu tout cela dans un vieux manuscrit qu'il a fait transcrire par-devant un notaire royal de Metz.

Il a trouvé mieux encore : le contrat de mariage de Robert des Armoises avec Jeanne Darc, dite la Pucelle d'Orléans.

O ma tête ! ma tête !

Il est un document d'un intérêt touchant dans sa teneur naïve. C'est cette pièce consignée aux archives de Reims :

« Vingt-quatre livres parisis à payer à l'hôtesse de l'*Ane-Rayé*, pour dépens faits en son hôtel par le père de Jehanne la Pucelle. »

Le vieux bonhomme était venu assister aux fêtes du sacre.

On l'avait envoyé loger à l'*Ane-Rayé*.

BOULOGNE-SUR-MER

I

La chronique, à certaine époque de l'année, a le droit et même le devoir de se déplacer. Pouvant disposer de trois jours, — loisir énorme pour un journaliste, — j'ai fixé mon choix sur la jolie ville de Boulogne, que je connais depuis longtemps, mais où je me reprochais de ne m'être jamais suffisamment arrêté. Nulle considération au monde, pas même la considération si déterminante de l'actualité, ne m'empêchera de la préférer à Cherbourg.

Boulogne est gai, Boulogne a l'abord riant; Boulogne s'annonce, bien avant l'entrée en gare, avec des coquetteries d'amphithéâtre et de monuments qui, pour peu que le temps soit beau et que le soleil rayonne, émerveillent le voyageur. — C'est le dôme colossal de Notre-Dame, c'est la colonne de la Grande-Armée, c'est une foule d'autres édifices baignés dans le bleu du ciel et dans le vert des arbres.

Sterne, que j'ai aimé avant de connaître Adolphe Joanne, n'a consacré que quelques lignes indifférentes à Boulogne dans son *Nouveau Voyage en France*, contenu dans le cinquième tome de *Tristram Shandy*. « Il y a le meilleur collège pour les humanités, dit-il ; oh ! il est excellent ! »

Descendu à l'hôtel Christol et de Bristol, sur le quai. — C'est devant l'hôtel Christol que doit être inaugurée l'an prochain la statue de Frédéric Sauvage, le perfectionneur de l'hélice appliquée à la navigation à vapeur. Cette statue s'est fait attendre bien longtemps.

En revanche, Jenner, l'inventeur de la vaccine, a la sienne depuis 1865, sur le quai des Bains. Il est vrai que Jenner est un Anglais. C'est une politesse de la Société des sciences industrielles aux hôtes assidus de Boulogne.

Boulogne est divisé en ville basse et en ville

haute. La ville basse se subdivise elle-même en colonie anglaise et en quartier des marins. Là, tout est mouvement, bruit, commerce; les magasins sont brillants comme à Paris et à Londres. Les rues sont sillonnées d'élégantes voitures. Autant d'hôtels que d'habitants. Comment peuvent vivre tous ces hôtels? Ils vivent cependant, et très bien, à ce qu'on m'affirme.

La ville haute forme un saisissant contraste avec la ville basse.

— Voici, me dit le cocher qui me fait faire le tour des remparts, le château où fut enfermé le prince Louis-Napoléon Bonaparte en 1840, après son...

— Après son...?

Il me regarde, pour savoir s'il doit prononcer *expédition* ou *échauffourée*.

Un cocher doit toujours éviter de froisser l'homme qu'il conduit.

— Je sais, je sais, dis-je en souriant.
— Voulez-vous le visiter?
— Ma foi, non!
— Vous n'êtes pas curieux? ajouta-t-il.
— Je ne suis pas curieux de prisons.
— Vous verriez un beau souterrain.
— Il n'y a pas de beaux souterrains pour moi.

Et le cocher de fouetter ses chevaux.

Il me conduit alors à l'église principale de Notre-Dame, celle qui domine la ville et qui tranche à la fois du Panthéon et du gâteau de Savoie.

On m'y avait recommandé un maître-autel en mosaïque, donné par la famille Torlonia, de Rome.

Ce qui étonne le plus dans cette église, c'est la grandeur de la nef; ce qui attriste, c'est le mauvais goût de l'ornementation. — De nombreux ex-voto, parmi lesquels je remarque le nez en argent d'un monsieur.

Pendant que je baye aux saints et aux saintes, une petite fille tire la robe de sa mère et lui adresse cette question :

— Eh bien, maman, où est-il donc, ce *maître d'hôtel* en mosaïque?

— Et puis? dis-je au cocher en sortant.
— Et puis il y a le beffroi.
— Voyons le beffroi.

C'est une vieille pièce du XIIIᵉ siècle, qui ne manque pas de caractère, non plus que les portes flanquées de tours qui forment des nœuds aux remparts.

Tout est, d'ailleurs, dans cette haute ville,

régal pour les amateurs de pittoresque, pour les antiquaires, pour les poètes, pour les romanciers. Les maisons y ont toutes leur histoire; la plupart sont habitées par des magistrats ou par des familles nobles. L'herbe pousse entre les pavés des cours. Les petits boutiquiers exercent leur industrie au milieu d'un doux silence. Bref, une des plus complètes expressions d'une ville de province.

Lorsque j'ai fini mon inspection, je dis au cocher de me conduire où il voudra.

Il demeure indécis.

— Où je voudrai? répète-t-il.

— Oui. Allez.

— Il y a bien encore un monument où je mène tous les voyageurs...

— Eh bien?

— Mais, puisque vous n'avez pas voulu voir le château, peut-être ne voudrez-vous pas voir la Colonne.

— Oh! c'est bien différent! m'écriai-je.

— Vous trouvez?

— Menez-moi à la Colonne.

— Avec plaisir, monsieur.

Champfleury a tracé, dans l'un de ses romans, la physiologie d'un archéologue de province qui mesure tous les édifices avec son parapluie. Ce parapluie, il a réussi à le faire adopter par toutes les sociétés savantes dont il est membre.

Je n'avais pas de parapluie avec moi pour mesurer la colonne de la Grande-Armée. Aussi ne saurais-je vous en préciser la hauteur. Cependant, elle m'a paru plus élevée que celle de la place Vendôme.

En me dirigeant vers la plage, où l'on prend les bains de mer, mes yeux lisent ces mots inscrits sur une plaque : *Quai Sainte-Beuve.* Et, à peu de distance : *Café Sainte-Beuve.* Je n'en suis point surpris, mais j'en suis bien aise. Je savais, comme tout le monde, que le plus grand critique du xixe siècle était Boulonnais; — lui-même a pris le soin de nous l'apprendre, dans des papiers trouvés et publiés après sa mort.

Charles-Augustin Sainte-Beuve ou de Sainte-Beuve, — car son père signait ainsi avant la Révolution, — est né à Boulogne-sur-Mer, le 2 nivôse an XIII (23 décembre 1804). Ses parents vivaient dans des conditions modestes; le père avait un emploi de contrôleur des droits réunis; sa mère, Augustine Coilliot, d'une vieille famille de la basse ville, était fille d'un marin de Boulogne et d'une Anglaise.

Le jeune Sainte-Beuve fit ses études dans sa ville natale et y acheva même toutes ses classes, y compris la rhétorique, dans la pension laïque de M. Blériot. Il comprenait cependant qu'il avait encore quelque chose à apprendre et il décida sa mère à venir s'installer à Paris. Il avait alors à peine quatorze ans. — On sait le reste et la brillante carrière qu'il a parcourue.

J'ignore si, depuis, il est retourné à Boulogne, et combien de fois, je compte m'en informer auprès de son dernier secrétaire. Jusqu'à meilleurs renseignements, l'auteur de *Volupté* me paraît avoir été médiocrement possédé de l'amour de son berceau. — Il avait cependant laissé à Boulogne un ami des plus intimes, un abbé, M. Barbe, avec lequel il a constamment correspondu jusqu'en 1865. Que sont devenues les lettres de Sainte-Beuve? On prétend que l'abbé Barbe les aurait confiées à un érudit de Boulogne-sur-Mer, et que la publication en serait prochaine. Tant mieux.

Il reste encore ici des cousins et des cousines du célèbre critique. L'esprit de la race, à ce que m'ont murmuré quelques indiscrétions, s'y serait conservé, surtout du côté féminin.

Une excursion à Boulogne serait incomplète sans une visite aux travaux du port en eau profonde qui s'exécutent en ce moment. Ce port sera une des œuvres grandioses de notre époque et classera Boulogne au premier rang des villes maritimes. Quelque activité qu'on y mette, il ne sera cependant pas achevé avant sept ans. Une fourmilière d'ouvriers y est actuellement occupée, creusant, plongeant, transportant d'innombrables matériaux que la mer insatiable reçoit, engloutit, absorbe.

Ce port est situé à gauche des jetées, du côté du Portel, en face de deux belles villas construites par M. Huguet, ancien maire de Boulogne, actuellement sénateur. Déjà deux digues s'élèvent distinctement du milieu des flots, étendant leurs longs bras vers le large. Autrefois, les navires allaient chercher le port; aujourd'hui, c'est le port qui va chercher les navires.

II

FRÉDÉRIC SAUVAGE

Des fenêtres de la chambre que j'occupe au grand hôtel Christol, j'ai sous les yeux la statue de Frédéric Sauvage, enclose dans une place et au milieu d'un square qui porte son nom.

Cette statue en bronze est de M. Lafrance, un sculpteur mort l'an dernier, presque aussi infortuné que son modèle. Sauvage est représenté debout, dans la force de l'âge, en redingote, appuyé sur un bateau petit module, une hélice à ses pieds. La difficulté du costume moderne, — dont n'a pas toujours triomphé David d'Angers, — a été complètement vaincue par M. Lafrance. On admire Frédéric Sauvage, beau, calme, dominateur, confiant dans l'avenir.

Le piédestal est en granit, orné de trois bas-reliefs dus au ciseau de M. Édouard Lormier. Celui qui montre le grand mécanicien dans sa prison est particulièrement original et touchant.

C'est ainsi que je comprends l'histoire, écrite dans les rues, traduite sur les places publiques, visible aux yeux de la foule.

Un malentendu a pesé continuellement sur la vie et sur la destinée de Frédéric Sauvage. Était-il, oui ou non, l'inventeur de l'hélice? Lui-même n'a cessé de protester contre cette appellation. « Ni moi ni personne n'avons rien inventé du tout en matière d'hélice, dit-il dans une lettre datée de 1846; *ce mérite appartient à la nature;* seulement, je pense qu'on ne peut me disputer le simple mérite de l'avoir utilisée et de l'avoir appropriée à la navigation. »

Toute la question est là.

Un amiral moins timoré que l'amiral Cloué (qui a envoyé aux fêtes de Boulogne un représentant avec mission d'observer le mutisme le plus absolu), l'amiral de Mackau, avait déjà fait la part de Frédéric Sauvage dans ce sens, en 1843, lorsqu'il avait demandé pour lui une récompense. « Il est certain que, si l'idée première d'appliquer les hélices comme moyen de propulsion a été émise avant lui, du moins il est le premier et même le seul qui ait tenté d'arriver, par des essais coûteux et persévérants, à la solution de ce problème, et qui l'ait fait avec succès. »

Quelques inégalités de caractère, une certaine brusquerie de langage ont souvent nui à Sauvage dans ses relations. Un de ses biographes, d'autant moins suspect qu'il est apparenté à la famille Sauvage (M. C. Paillart, d'Abbeville), a raconté le fait suivant :

Une compagnie boulonnaise devait acheter à Frédéric Sauvage une part de son brevet moyennant cent quatre-vingt mille francs. L'acte avait été préparé et devait être signé dans un grand dîner. Malheureusement, la femme d'un des actionnaires, madame G***, qui se trouvait au nombre des convives, eut l'idée maladroite de taquiner Sauvage et de mettre en doute la réussite de ses découvertes. Celui-ci, dans l'enivrement de ses espérances, supporta mal ces piqûres, et bientôt, cédant à un de ces mouvements d'impatience auquel il était trop sujet :

— Parbleu ! madame, s'écria-t-il, occupez-vous de raccommoder vos chausses, et laissez aux hommes leurs grandes entreprises !

Le mot était de ceux qui ne se pardonnent pas. Quelques instants plus tard, le traité qu'on devait signer était jeté au feu.

Un autre trait de violence, mais plus excusable est celui-ci :

Il était allé au ministère pour toucher sa subvention annuelle de deux mille francs. L'employé lui tendit deux billets de banque en lui disant :

— Voilà votre secours.

Indigné, Frédéric Sauvage prit les billets, les déchira en mille miettes et les jeta au visage du commis.

— Apprenez, monsieur, dit-il, que j'ai droit à la reconnaissance du pays, mais que je ne veux du secours de personne !

Le lendemain, le ministre, averti du fait,

tançait vertement son employé et renvoyait deux autres billets de banque à Frédéric Sauvage.

III

SINISTRE EN MER

Le 14 octobre, six grands bateaux (trois de Boulogne et trois du Portel, un petit port voisin de Boulogne) prenaient la mer pour aller en pêche.

Chaque bateau était monté, en moyenne, par dix-neuf hommes d'équipage.

Cela faisait, en tout, cent quatorze pêcheurs, hommes, jeunes hommes... et enfants.

Leurs femmes, leurs mères, leurs sœurs les avaient accompagnés au départ, comme d'habitude : celles de Boulogne jusqu'au bout de la jetée, celles du Portel jusqu'au rivage, les encourageant de la voix, du baiser envoyé, du mouchoir agité, de la prière murmurée. Elles les avaient suivis des yeux jusqu'où les yeux pouvaient les suivre ; puis, lorsque les bateaux, devenus points noirs, avaient enfin disparu entre la mer et le ciel, elles s'en étaient retournées lentement, — confiantes en Dieu.

Les pauvres femmes !

Un proverbe de matelot dit : « Qui met à la voile met à la loterie. »

Hommes et bateaux ne devaient pas revenir.

Une tourmente s'était déclarée après leur départ.

Un mot qui dit tout : *tourmente !* un déchaînement de la mer, un emportement du vent ! un mot d'ordre furieux échangé soudain entre les vagues ! Donné par qui ?

Des plus terribles fléaux qui s'attaquent à l'homme, l'eau et le feu passent les premiers.

Les maladies, les pestes, les choléras, les fièvres jaunes ne viennent qu'après.

Encore le feu est-il quelquefois clément. On donne l'alarme pour un incendie, le tocsin sonne à tous les clochers, les habitants s'émeuvent ; une foule se répand dans les rues ; c'est une alarme générale, on voit accourir pompiers, soldats, ouvriers, bourgeois, passants, tous rivalisant d'ardeur, de courage, d'héroïsme, se multipliant, apportant le remède à pleins seaux, appliquant des échelles aux murailles, escaladant les fenêtres...

Les infortunés que la flamme enveloppe, que la fumée étouffe, que la souffrance tord, peuvent, jusqu'au dernier moment, jusqu'à la dernière seconde, concevoir une espérance. Ils aperçoivent des bras élancés vers eux, ils entendent des cris de sympathie, des coups de hache à travers les portes...

Mais ceux qui se noient, ceux qui se noient en pleine mer, en pleine immensité, que ce soit sous la lumière indifférente d'un grand jour ou dans l'horreur des ténèbres ; ceux dont le regard se heurte à un infini désert et dont la voix demeure sans écho, séparés de l'humanité, roulés par la vague plus brutale que la patte d'un fauve, ceux-là ne connaissent pas de supplice comparable au leur !

Mourir *au large*, comprenez-vous cela ? Tel a été le sort de ces cent quatorze malheureux. Contrairement à ses habitudes, la mer n'a rien rendu cette fois, ni cadavres ni bateaux. Aucune épave n'a été portée au rivage. On a vainement télégraphié sur toutes les côtes anglaises ; on a expédié un aviso dans la mer du Nord. Rien. Pas un navire n'avait eu de nouvelles des six embarcations de Boulogne et du Portel ; personne ne les avait rencontrées. C'est un désastre comme on en a rarement vu de plus complet. Il y a aujourd'hui à Boulogne et au Portel près de cent veuves et près de trois cents orphelins.

LILLE

La ville de Lille a eu son poëte populaire dans un pauvre diable, François Cottignies, dit *Brûle-Majon*.

Ses parades rimées, ou pour mieux dire, *assonnantes*, ont un vif caractère de réalité. Voici une de ses pièces d'une philosophie usuelle ; elle est intitulée : *Pasquille en patois de Lille*. Je le traduis tant bien que mal en français.

C'est un dialogue entre mari et femme.

LE MARI. — Te v'là revenue de bien bonne heure? — Je t'attends ici depuis neuf heures. — Je sais, tu viens du cabaret — tandis que j'viens de travailler.

LA FEMME, *à part*. — Il a raison, qui le lui a dit? (*Haut.*) Je viens de chez le docteur.

LE MARI. — Quoi faire? drôle, babillarde!

LA FEMME. — Porter l'enfant qui est malade, — car il braillait à tous les moments. — Il m'a dit que c'étaient les dents.

LE MARI. — Bon! voilà encore une excuse; — c'est avec ça que tu m'amuses. — Donne tout de suite mon souper, j'ai faim.

LA FEMME. — N'y a point ici un morceau de pain.

LE MARI. — Pourtant hier, sur le tard, — t'avais encore six beaux patards; — qu'en as-tu fait, Marie-avale-tout?

Le ton s'élève; la dispute tourne à l'orage; le mari annonce qu'il s'en va *s'bouter soldat.*

LA FEMME. — Va! va! j'ne te tiens point, va-t'en; — je f'rai mieux sans toi que sans argent!

LE MARI. — Adieu; v'là l'amité perdue; — je ne te verrai jamais plus.

LA FEMME. — Mais va-t'en donc vite, bon Jean! — Tiens, tiens, emporte ton enfant; — reprends-le, avance ta main. — Hélas! mon pauvre petit poulain, — si je mourais, t'aurais sans doute — avec ton père de dures croûtes.

LE MARI. — J'suis son père, mais j'crois pourtant bien — que l'enfant m'appartient de rien. — Te souviens-tu de ce jardin — où tu allais cueillir des fleurs, le soir?

LA FEMME. — Tu veux dire que j'suis une coureuse! — Quelle patience de vivre avec un fou!

LE MARI. — Adieu, j'm'en vas tout droit devant moi — m'engager dans la citadelle! — Je n'veux plus vivre en querelle.

LA FEMME, *à part*. — Il y va tout d'bon, cette fois-là. — Hé! bon Dieu, s'il me laissait là, — quoi que j'ferais avec mon enfant! — (*Haut.*) Vous êtes comme courroucé, Jean?

LE MARI. — Qui ne l'serait point de tes raisons? — Tu me fais souffrir mille affronts.

LA FEMME. — Bon! t'as un bien long souvenir; — tout c'que j'ai dit, c'était pour rire.

LE MARI. — Voilà une belle peste de rage!

LA FEMME. — Aurais-tu le cœur d'aller si loin — et de laisser-là ce p'tit mouton?

LE MARI. — Tu as raison, passons ce chagrin — et dessus ça, voilà ma main.

LA FEMME. — A quoi sert tant de douleur — et d'avoir un si méchant cœur? — Allons, viens, mon pauvre mari — et couchons-nous; voici la nuit...

Ici, comme toujours, la femme triomphe dans sa malice.

Toutes les pièces de *Brûle-Majon* n'ont pas cette mélancolie et cette douceur.

VALENCIENNES

Les fêtes de charité se sont ralenties sensiblement en province, cette année.

Plus de ces cavalcades historiques, plus de ces chars promenés en grande pompe à travers les cités, plus de ces légions de musiciens et de chanteurs !

Cela est regrettable à tous les points de vue.

Un instant on avait espéré que la *Société des Incas*, de Valenciennes, se déciderait à donner une de ses fêtes, qui sont sans rivales dans tout le Nord. Mais cet espoir a été déçu.

Peut-être ne connaissez-vous point ces fêtes des *Incas*; laissez-moi donc vous en parler.

En dépit de leur nom, leur origine est toute moderne et ne remonte pas plus haut que 1826. Elles succédèrent aux mascarades grossières de

Pança et de *Binbin*, deux mannequins fameux.

Pança, ou *Pansa*, ou *Pancha*, ou *Panchard*, était la personnification du carnaval, avec un ventre énorme. On l'enterrait en grand tumulte le mardi gras. *Binbin* était un personnage emprunté à la famille du géant de Douai; *Binbin* représentait le plus jeune des enfants de Gayant; il avait quinze à vingt pieds de haut et était coiffé d'un bourrelet de poupon.

O naïveté ! source de joie ! Il vint un jour pourtant, où *Binbin* et *Pança* furent honteusement reniés et chassés par les ingrats Valenciennois.

Il y a des gens de goût partout... Hélas !

On trouva ces deux caricatures triviales, ignobles, indignes d'une époque civilisée.

Cependant, il fallait les remplacer.

Sur ces entrefaites, un exemplaire du roman des *Incas*, de Marmontel, tomba entre les mains d'un habitant de la ville. Ce fut une révélation. Les *Incas !* les enfants du soleil ! Des plumes de toutes les couleurs sur la tête ! des ceintures de plumes ! des brodequins de plumes ! des bracelets de plumes ! des chaînes d'or ! des colliers de pierreries ! des carquois !

Voilà qui était noble, digne, majestueux !

— Soyons *Incas !* s'écria cet habitant.

— Soyons *Incas !* répétèrent ses amis.

Et la *Société des Incas* fut fondée, — société de bienfaisance, ne l'oublions pas. Un comité fut organisé, mêlant les dénominations péruviennes aux titres habituels d'une administration française; ce qui ne laissait pas de produire un effet assez plaisant, comme on peut en juger.

M. D***, *grand Inca*, directeur-président ; MM. P***, B***, R***, *chefs de tribus*, commissaires. M. L***, *cacique*, trésorier.

L'article Ier des statuts était ainsi rédigé : « *M. le grand Inca* maintiendra l'ordre dans les réunions. Il fera exécuter le règlement, ordonnera les convocations, prononcera les amendes et signera les arrêtés, d'après la décision du comité. » *Monsieur le grand Inca!* Qu'en dis-tu, ô Marmontel?... Une fois organisée, la *Société des Incas* de Valenciennes créa des diplômes, où on lisait : « Royaume du Pérou; ordre du Soleil; hommage à la bienfaisance. »

Ces diplômes étaient signés par *Huascar, fils du Soleil*, et datés par lui du 21 mars 1830, « an IV de notre Empire. »

Pança était décidément bien mort, — et le pauvre Binbin ne pouvait lutter de splendeurs avec Montézuma.

Les premières *Fêtes des Incas* excitèrent autant d'admiration que de surprise.

« On ne s'en tint pas au seul costume des Incas, — dit M. A. Dinaux, l'historiographe de la Société; — pour rendre la marche et les cérémonies plus brillantes, on songea à recruter dans les cinq parties du monde ce que les accoutrements de chacune d'elles pouvaient offrir de plus éclatant ou de plus piquant. On y adjoignit successivement des groupes de sauvages, de Chinois et de Persans, d'Européens de toutes les nations. L'antiquité aussi fut mise à contribution. »

Bref, ce fut comme la procession allégorique de l'Humanité, personnifiée dans tous les âges par un peuple ou par un grand homme.

Un cours d'histoire en plein air!

Ces fêtes n'ont pas lieu à des époques régulières; elles dépendent de la volonté — et surtout des ressources — de la Société, car elles coûtent des sommes considérables. De là des intervalles de cinq ans, de dix ans. On n'évalue pas à moins de trois cent mille francs les frais de la fête des *Incas* en 1851. Celle de 1866 dépassa ce chiffre. Telle armure, tel costume avait été payé mille francs et même quinze cents francs.

La fête des *Incas* dure trois jours; le premier, un dimanche, est consacré à la *marche de jour*.

Le cortège se repose le lundi.

Toutes les magnificences, tous les éblouissements sont réservés pour le mardi, — c'est-à-dire pour la *marche de nuit*. Les flambeaux, les transparents, les lanternes chinoises, les torches ardentes, se comptent par milliers; le cortège s'avance lentement au son du tambour, interrompu seulement par un nombreux orchestre ou par des chants d'orphéons.

A minuit, le cortège, après avoir parcouru la ville, revient faire le tour de la place, qu'il remplit tout entière. Les *Incas* descendent de leur char, — le grand *Inca* en tête, — et vont solennellement s'asseoir sur les gradins d'un hémicycle qui représente le temple de la Concorde. Les principaux dignitaires se rangent autour d'eux. En face viennent se placer les porte-bannières et les hérauts d'armes, sur huit rangs. Des feux de Bengale s'allument de tous les côtés et jettent une poésie fantastique sur cette foule bariolée.

Le feu d'artifice traditionnel termine la fête. Il est deux heures du matin.

La fête des *Incas* est aussi la fête des pauvres. Des centaines de quêteurs parcourent la ville; quelques-uns promènent de hauts entonnoirs de percale — avec lesquels ils vont solliciter l'aumône jusque sous les balcons.

Espérons que l'an prochain ramènera les fêtes des *Incas* de Valenciennes.

EN ANGLETERRE

I

LONDRES

Une invitation à dîner chez le lord-maire est chose très recherchée, en raison du cérémonial pittoresque et fastueux qui s'est perpétué à Mansion House. On comprend que je me sois empressé de répondre à l'honneur que me faisait sir Charles Whetham, honneur partagé avec mes collègues du congrès littéraire.

Donc, jeudi 12, à six heures et demie, un cab me déposait devant le palais du premier magistrat de la Cité. Ledit palais est situé dans un des quartiers les plus populeux et les plus marchands, à l'extrémité de Fleet Street, un peu avant Saint-Paul. Mansion House abuse peut-être — plus que les autres édifices de Londres — de la permission d'être noire. *Fouchtra! que ch'est beau!* s'écrierait un de nos petits ramoneurs. Mais, moi qui n'ai pas la nostalgie de la suie, je déplore cette coloration nationale.

Je monte un escalier, d'où s'entendent les sons d'un orchestre, et j'arrive à une vaste antichambre à colonnes, étincelante de lustres, et remplie déjà d'un grand nombre d'invités étincelants, eux aussi, de croix et de plaques. — Qu'est-ce qu'on me disait donc qu'on ne montrait pas ces choses-là en Angleterre?

Au fond de l'antichambre, le lord-maire se dessine entre le massier et le porteur de l'épée, entouré des deux shérifs, M. Bevan et M. Burt, en habit de cour et en culotte courte, bas de soie noire, souliers à boucles d'argent, la chaîne au cou. Le lord-maire est simplement en tenue de ville, avec la cravate blanche. Devant lui défilent tous les arrivants, annoncés à haute voix, et auxquels il serre la main, — tantôt sur un air de polka, tantôt sur un timbre de valse, car la musique va toujours.

Sir Charles Whetham, le lord-maire actuel,

est un homme de soixante ans environ, de petite taille, la figure riante, portant un collier de barbe blanche. Son aspect est des plus sympathiques.

Lorsque la liste des invités est épuisée, c'est-à-dire à sept heures précises (l'exactitude est la loi des Anglais), le lord-maire se dirige vers la salle du banquet. — Une très grande, très haute et très belle salle, décorée des bustes de plusieurs grands hommes, et terminée à ses deux extrémités par d'immenses vitraux coloriés. — Çà et là quelques statues, dont la gracieuse nudité semble protester contre la réputation de rigorisme qu'on prétend faire à l'Angleterre. Nos voisins sont des hommes comme les autres, soyons-en convaincus.

Six tables occupent la largeur de cette salle; une seule, dite table du lord-maire ou table d'honneur, en occupe la longueur. Le nombre des convives est de deux cents environ, subdivisés en délégués de la conférence internationale télégraphique et en membres du congrès littéraire.

Le fauteuil du lord-maire a la forme et la richesse d'un trône; derrière se tiennent deux jeunes laquais à la livrée blanche et or, de la physionomie la plus avenante. L'homme à la masse est là (sans sa masse), qui préside au cérémonial ; c'est lui qui, d'une voix de stentor, ordonne les levés et les assis, arrête les applaudissements, annonce les toasts.

Le lord-maire a à sa droite le général russe de Lueders et à sa gauche M. Ferdinand de Lesseps. Viennent ensuite : Edmond About, Frédéric Thomas, Blanchard Jerrold, Torrès Caïcedo, Nordmann, Baetzmann, Adolphe Belot. Je suis à côté de Claretie et à côté de M. Manuel Peralta, représentant de l'Amérique du Sud, etc.

Après la prière d'usage prononcée par le lord-maire et écoutée debout par l'assemblée, le dîner commence. — Je n'ai pas encore dit un mot du coup d'œil des tables, qui, bien que fort agréable, n'a pourtant rien d'excessif. Les grands et élégants surtouts ciselés en sont absents ; l'argenterie est belle, mais il y en a une plus belle encore, à ce qu'on m'affirme, et qui est sans doute réservée pour les occasions exceptionnelles.

Le potage à la tortue est enlevé sur l'ouverture de la *Esmeralda* d'Hermann. Les poissons se succèdent ; le menu que j'ai sous les yeux indique des *côtelettes de truite à l'Indostan* dont je me promets un régal. Pourquoi me les a-t-on remplacées par des filets de sole à l'italienne ? Ces déceptions n'arrivent qu'à moi ! Je m'en console avec une poignée de *whitebaits* délicieux, accompagnés de vin de Steinberg — et d'une valse de Waldteuffel.

Le service est mené rondement. Je glisse sur des filets de caille aux petits pois et sur un relevé d'agneau; je retrouve mon entrain aux dindonneaux piqués. On ne quitte pas le vin blanc, ce qui amène un nuage sur mon front; on passe immédiatement du rhin et du sherry au champagne. « C'est l'usage! » me dis-je en soupirant. Usage aussi sans doute l'exclusion de ces sorbets moelleux qui, chez nous, constituent une halte si importante au milieu d'un festin.

Voici l'armée innombrable et chatoyante des entremets qui défile sur l'air de la marche triomphale de *la Muette de Portici* : les gelées à la Dantzig, les puddings de toute sorte, les *meringues du roi*, les plombières, les chartreuses, puis les fruits, les pâtisseries, les bonbons, tout ce papillotage dont s'amuse ce peuple sérieux. Le champagne, à son tour, a fait place aux vins de liqueur, au porto, au constance. Encore quelques instants, et ce dîner aura cessé d'être.

Déjà sir Charles Whetham a renversé le contenu d'une aiguière d'or pleine d'eau de rose dans une vaste cuvette de vermeil. Il y trempe le bout de ses doigts et engage ses invités à l'imiter. L'aiguière va faire le tour des six tables.

Ce n'est pas tout : sir Charles Whetham prend sa tabatière, une tabatière monumentale, en or aussi, éblouissante, superbement guillochée, à deux compartiments renfermant deux espèces de tabac. Il offre une prise à M. de Lesseps, qui en offre une à son voisin; puis la tabatière suit le chemin de l'aiguière. Il faut que deux cents nez reniflent la poudre municipale. Quelques éternuements se produisent. — Ici, je trouve que l'élément comique fait invasion.

A la coutume familière de la tabatière, qui rappelle les scènes de Goldsmith, succède la tradition plus imposante et plus caractéristique de la *coupe d'amour*. Une énorme coupe en or (l'or toujours) remplie d'un vin d'épices, est apportée et déposée devant le lord-maire. Il se lève, se tourne vers M. de Lesseps, boit dans la coupe et la lui transmet. Celui-ci se tourne à son tour vers M. Edmond About, boit dans la coupe et la lui cède. M. Edmond About se tourne vers M. Frédéric Thomas, et ainsi de suite. — Vous voyez qu'on a de l'occupation aux dîners de Mansion House.

L'exercice de la coupe d'amour s'accomplit au son de la mazurka de Métra : *My Love*.

Mais l'heure solennelle est venue : le lord-maire porte la santé de la reine, et l'orchestre attaque le *God save the Queen*. Moment d'émotion pour tout cœur patriote! On se rassied, et l'on attend ; l'écluse aux toasts est ouverte. — Messieurs les Anglais, parlez les premiers!

Un binocle d'une main, un papier de l'autre, le lord-maire lit d'une voix très nette et distincte. Il remercie ses invités, et, dans de nobles paroles que le *Times* a eu le tort de ne pas conserver, il regrette l'absence de Victor Hugo, qu'il appelle « le frère de Shakespeare ». Vous jugez si nous applaudissons.

Le général de Lueders se lève ensuite et s'exprime au nom de la conférence internationale télégraphique. Il est remplacé par M. Ferdinand de Lesseps, qui parle de l'isthme de Panama et qui traite sur place de ses affaires avec l'aisance et la verve qu'on lui connaît. Le lord-maire répond à l'un et à l'autre.

MM. Edmond About, Frédéric Thomas, Blanchard Jerrold amènent la question littéraire sur le tapis, où elle restera désormais. Leurs discours sont immédiatement recueillis par une douzaine de sténographes qui occupent la table la plus rapprochée de la table d'honneur, et qui représentent le *Times*, le *Morning Post*, le *Daily*

News, le *Daily Telegraph*, le *Daily Chronicle*, le *Standard*, le *Morning Advertiser*, etc., etc. C'est un spectacle curieux de voir ces hommes, la tête penchée, faisant, au milieu des débris d'un festin, courir leur crayon sur le papier.

Les toasts — inscrits et déterminés à l'avance — coulent de plus belle. Sir Charles Whetham répond imperturbablement; ce n'est pas tout plaisir d'être lord-maire. Le dernier orateur est Jules Claretie; — aux derniers les bons. Je ne répondrais pas que mon spirituel voisin n'ait eu l'intention de cacher un serpent sous les fleurs de sa harangue. « Notre théâtre, a-t-il dit, est une des formes de notre littérature nationale pour lesquelles l'Angleterre s'est toujours montrée le plus accueillante. » Je le crois bien!

Mario Proth propose de substituer *cueillante* à *accueillante*.

Jules Claretie termine en portant la santé de la Mairesse. Toujours galant et tabac d'Espagne, l'auteur des *Muscadins!* Et pourtant de ce toast-là, — qui a obtenu un succès formidable, — le *Times* ne fait aucune mention dans son compte rendu. Qu'est-ce que cela peut vouloir signifier? Deux mauvais points au *Times*.

Le lord-maire répond encore, mais c'est pour la dernière fois, comme dit Millevoye dans *la*

Chute des feuilles. Après quoi, le héraut, de sa voix retentissante, invite les gentlemen à passer dans les petits salons pour prendre le café.

Ces petits salons n'ont rien de particulier. Nous rentrons là dans le xix° siècle de tous les jours. La vision du passé a cessé.

II

Voici le carton que j'ai reçu :

BOROUGH OF STRATFORD-ON-AVON

The Mayor request the honour of the company of Charles Monselet, member of the International Literary Congress.

At luncheon at the Town Hall, Stratford-on-Avon, on Monday, June 16 th, at Two o'clock.

« R. S. V. P. »

Cela veut dire que l'honorable maire de Stratford-sur-Avon invite les membres du congrès littéraire à un pèlerinage à la maison natale de Shakespeare.

Le lunch promis ne gâtera rien au pèlerinage.

On sait que Stratford-sur-Avon est situé dans une des parties les plus ravissantes de l'Angleterre au milieu d'un paysage sans rival parmi les plus belles contrées de l'Europe.

Nous sommes allés, une cinquantaine environ, à Stratford-sur-Avon, berceau et tombeau de Shakespeare.

Parmi ces fervents des lettres, on remarquait : MM. Blanchard Jerrold, Frédéric Thomas, Louis Simonin, Jules Claretie, Mario Proth, Robert Halt, Louis Depret, Jules Lermina, Torrès Caïcedo, Alphonse Pagès, Santa-Anna Néry, de Fonseca, etc., etc.

Stratford-sur-Avon, petite ville à trois heures de Londres, apparaît mignonne et rougeâtre au milieu des plus gras et des plus verdoyants pâturages qu'on puisse rêver, — si tant est qu'on rêve quelquefois de pâturages.

Partis à dix heures du matin, nous arrivions à une heure à Stratford. Dès les premiers pas on s'aperçoit qu'on est chez Shakespeare. Tout y célèbre sa gloire : les noms des rues, les enseignes des magasins, les photographies dans les vitrines. — Un marchand de porcelaines est en train de faire fortune en débitant des bustes de Shakespeare; il en a de toutes les grandeurs; les plus petits, en pâte coloriée, sont les plus amusants.

M. le maire de Stratford nous attendait à l'hôtel de ville. Il nous a reçus dans sa belle robe officielle à grandes manches, passée par-dessus son habit; robe longue, bleue avec des ornements de velours et des glands de soie. Ce costume lui sied fort bien; car c'est un homme de la plus haute taille, parfaitement avenant. Il nous a accompagnés et guidés dans notre visite à la maison natale de Shakespeare, et dans l'église où la tradition veut que ses cendres reposent.

La gravure, la lithographie, surtout les recueils illustrés ont popularisé la maison rustique où s'éveilla pour la première fois celui que Victor Hugo a appelé le *Grand Anglais*. Elle est bien modeste, mais bien curieuse. La sollicitude tardivement éveillée des admirateurs de Shakespeare en a fait un petit musée, en y rassemblant le plus de documents possible : — portraits, autographes, éditions originales, objets intimes.

L'église de la Trinity est adorablement située, au centre d'un paysage bordé par la jolie rivière de l'Avon. On y arrive par une avenue d'arbres qui forment un berceau du plus poétique effet. A droite et à gauche, les pierres du cimetière, à demi disparues dans l'herbe épaisse. Le soleil mettait sa magie sur ce chemin au moment où nous le traversions.

Shakespeare a son buste à mi-corps encastré dans la muraille de l'église, tout près de l'autel. Cette effigie passe pour une des plus ressemblantes. Il y a un peu de l'œuf à la coque dans la conformation de la tête de Shakespeare. Le caractère dominant de sa physionomie est la placidité; l'observation ne vient qu'après. — N'adoptez qu'avec une extrême réserve les Shakespeare romantiques de certains peintres modernes.

Je dirai un mot du lunch offert par M. le maire de Stratford au congrès littéraire. En voici le menu fidèle :

STRATFORD-ON-AVON

TOWN HALL
JUNE 16, 1879

—

Luncheon
Salmon Mayonnaise Sauce

—

Roast Beef, Boiled Beef
Roast Lamb

—

Chickens and Tongue, Pigeons-pies, Salads.

—

Jellies, Triste, Cheeses Cakes, Tipsey Cakes
Cheese

—

Wines : Claret, Pauillac, Hock, Rudesheim
Champagne, Giesler's

Ce n'est pas mal pour une ville de huit mille âmes, n'est-ce pas ? Aussi le repas a-t-il été d'un bout à l'autre des plus animés et des plus charmants. M. le maire, M. Frédéric Thomas, M. Blanchard Jerrold et M. Jules Claretie ont tour à tour pris la parole. — Moi-même, j'ai dû improviser quelques vers sur un coin de la nappe. Que l'Angleterre me pardonne !

Les heures ont passé vite dans cette excursion. A onze heures seulement, nous étions de retour à Londres, station de Paddington.

... Vite, un cab ! — Faisons une course à travers les rues de Londres. — Il me faut le cab le plus coquet, le plus cambré, le plus peinturluré. Je n'ai que l'embarras du choix. — Le cab est une gaieté qui roule. Avec ses deux compartiments ouverts, on a l'air d'être dans un tryptique.

Mon cab brûle le pavé, c'est-à-dire la boue. Il se précipite, il se faufile, il me fait frémir pour les piétons. Mais j'apprends à me fier aux cochers anglais. — De temps en temps, sans interrompre sa course, le mien ouvre la petite lucarne qui est au-dessus de ma tête et crache sur mon chapeau quelques mots que je ne comprends pas, et auxquels je réponds par le fatidique *All right*, la base de la langue.

Nous descendons Regent Street, et nous nous dirigeons vers Trafalgar. — M. l'amiral Nelson est droit juché sur sa colonne, correctement coiffé, en bel uniforme. Il a l'air d'un brave homme autant que d'un héros. — Bonjour, monsieur l'amiral! Vous eûtes un cœur facilement inflammable, et l'on nomme deux beaux yeux qui vous ont distrait quelquefois du canon.

All right! — Nous galopons sur des quais tou neufs, plantés d'arbres qui ne demandent qu'à grandir. — Où est le temps où les vieilles maisons descendaient jusque sur le bord de la Tamise?

Au Strand! au Strand! — Le fourmillement humain est indescriptible ici. Passants, chevaux, voitures y vivent, y circulent dans une douce familiarité. — A travers cette foule affairée se promènent tranquillement des hommes portant par derrière et par devant de grandes affiches qui les font ressembler à des sandwichs.

Je salue de la main Jean Aicard, ce qui m'est un indice que Gaiety-Theatre n'est pas loin. —

Le voici, en effet, avec son architecture de pièce montée. — Gaiety-Theatre est à côté d'un autre théâtre, le Lyceum, où M. Henry Irving joue *Hamlet*, non sans succès.

Encore quelques tours de roue, et je suis arrivé au but de ma course. — Le but de ma course, ne le devinez-vous pas ? C'est la *ruelle aux Libraires*, dont j'ai oublié le nom, mais qui est située près d'une église. — J'ai retrouvé à Londres les bouquinistes de Paris. *All right !*

… La maison meublée où un de mes amis m'a installé est située dans Piccadilly. Elle participe particulièrement d'une prison. Elle en a l'architecture et le silence ; elle est rébarbative et elle est muette. Si elle est habitée, ce ne peut être que par des fantômes ou par des êtres relevant d'une humanité particulière. Depuis sept jours, je n'y ai de rapports qu'avec un domestique anglais et absolument taciturne, qui, d'ailleurs, ne sait pas un mot de français. Pas un, pas un. Nous nous inspirons une mutuelle commisération.

Tous les matins régulièrement, à sept heures, ce domestique m'apporte une urne d'eau chaude. Je le laisse faire. J'écris pendant quelques heures et je sors pour aller prendre des aliments. Il ne m'est jamais arrivé de rencontrer âme qui vive dans l'escalier. Cependant, les propriétaires occupent le rez-de-chaussée et le sous-sol, à ce qu'on m'a affirmé, mais ils se tiennent hermétiquement clos. Pour entrer et sortir, j'ai un passe-partout. — A toute heure de nuit, je trouve mon bougeoir posé sur une tablette, à côté d'un petit jet de gaz.

Un autre que moi aurait quitté vingt fois ce logis mélancolique. Mais, moi, je ne suis pas comme les autres. Ce mystère m'intrigue et me retient. Il y a là un genre de sensation analogue à celle qu'éprouvait Méry en assistant régulièrement à toutes les représentations de l'*Ulysse*, de Ponsard. On s'étonnait de cette assiduité, et on lui demandait : « Mais qu'est-ce qui peut, mon cher Méry, vous attirer à une pièce aussi complètement dépourvue d'intérêt ? »

Le Marseillais répondait : « C'est précisément cette absence profonde d'intérêt qui m'intéresse prodigieusement. »

Avant-hier, cependant, un doute vint m'oppresser. J'attendais des nouvelles de Paris qui ne m'arrivaient pas. Était-il certain qu'on reçût dans cette maison les lettres qui m'y étaient adressées ?
— J'avais bien, en emménageant, donné ma carte au domestique ; mais ce serviteur flegmatique l'avait reçue d'un air indifférent et fourrée

dans son tablier, où elle était peut-être encore.

Je résolus d'en avoir le cœur net. Je m'écrivis à moi-même n'importe quoi, deux lignes, les premières qui se formèrent au bout de ma plume :

« *A toi, ma bonne vieille !*

» LORD BYRON. »

Puis, je cachetai, je mis mon adresse et j'allai jeter dans une de ces bornes de fonte peintes en rouge qui sont espacées de quartier en quartier.

Deux heures après, rentrant chez moi, je trouvai ma lettre sur ma table.

J'avais calomnié mes hôtes invisibles.

… Jules Vallès me raconte ses rapports d'autrefois avec Paul de Saint-Victor.

C'était au temps où il avait fondé le journal *la Rue*, un journal étonnant, où l'on reconduisait les gloires classiques à grands coups de pied, — et où un registre était ouvert jour et nuit, dans les bureaux de la rédaction, pour recevoir les signatures de tous ceux qu'*embêtait le Misanthrope*.

L'exécution de Molière ne suffisant pas à son

humeur farouche, Jules Vallès remonta plus haut et s'attaqua à Homère le Divin. Il traita l'auteur de l'*Iliade* de « quinze-vingts », et alla jusqu'à l'appeler *vieux Patachon*, en souvenir des *Deux Aveugles*. La stupeur fut unanime dans Paris, le *tolle* général.

Paul de Saint-Victor s'émut sur son fond d'or et, d'une main tremblante d'indignation, il écrivit à Vallès une lettre dont voici à peu près le sens : « Je vous avais pris jusqu'à présent pour un honnête homme. Il n'y a plus désormais rien de commun entre vous et moi. »

« ... Comment l'*Estudiantina* fut prise pour la Comédie-Française par un spectateur candide, à une soirée de Hanover Square Club. »

Ainsi pourrait être intitulé ce paragraphe.

C'était hier samedi. Le très courtois président du club avait invité, en dehors des membres du congrès littéraire international, un certain nombre de notabilités artistiques, et principalement la Comédie-Française.

Got, Mounet-Sully, Coquelin avaient promis de venir après la représentation du *Sphinx*. Ils y vinrent en effet, mais ils furent précédés par la société musicale de l'*Estudiantina*.

Ces étranges compagnons, qu'on dirait habillés par Fortuny, s'étaient rangés en cercle dans la salle du concert.

Avant qu'ils eussent commencé à gratter leurs guitares, un monsieur de l'aspect le plus timide qui, depuis quelques instants, rôdait autour de moi, se décida à m'adresser la parole.

— Pardon, monsieur... vous êtes Français?

— Oui, monsieur. Est-ce que cela se voit?

— Un peu.

— Et vous, monsieur? lui demandai-je.

— Je suis... (On me permettra de taire la nationalité de ce naïf quidam.)

La glace était rompue. Il continua :

— C'est bien la Comédie-Française que voici?

— Pouvez-vous en douter?

— Je ne m'explique pas cette uniformité de costumes.

— Ils viennent probablement de jouer le *Barbier de Séville*, répondis-je.

— Ah! c'est cela... Voulez-vous me montrer M. Got?

— Volontiers. C'est ce gros qui est dans le coin.

— Il fait Bartholo, sans doute.

— Précisément.

— Et celui-ci, dont les sourcils sont si épais?

— C'est M. Thiron.

— Ah !

Décidément, ce monsieur aurait pu jouer le « Monsieur au sonnet » de *la Vie de Bohême*.

Il reprit au bout d'un moment :

— Encore une question, s'il vous plaît, monsieur ?

— Je suis à votre service.

— Pourquoi cette petite cuiller en ivoire à leur chapeau ?

— C'est pour indiquer d'une manière délicate qu'ils comptent bien sur un souper à la fin de la soirée.

— Ces comédiens ! toujours les mêmes... Je ne vois pas mademoiselle Croizette.

— Ni moi non plus... mais, si vous y tenez, je m'en vais vous la chercher, répondis-je en m'esquivant.

Toujours à cette même soirée de Hanover Square Club.

Je lis sur le programme imprimé qu'on donne à l'entrée :

VOCALISTS. — Miss Ellen Webster, Miss Elliot, Miss Alice Fairman, Mademoiselle Delest, et WILLIAM SHAKESPEAR.

Ma stupeur est au comble.

Vainement Jacques Normand essaye de me faire accroire que le nom de Shakspear — ou Shakspere — ou Shakespeare — est aussi commun en Angleterre que le nom de Durand en France. Je ne suis pas convaincu.

... Les deux personnages des temps modernes qui ont été le mieux reçus à Londres sont Garibaldi et Nadar.

L'Angleterre s'éprend facilement des dominateurs, quels qu'ils soient.

J'admets que Nadar est plutôt un charmeur qu'un dominateur. Mais il s'impose à sa manière. Ses yeux dilatés par une curiosité excessive, sa chevelure arrachée à des rayons du soleil, ses jambes qui n'en finissent pas, arrêtées seulement par sa cravate, — tout le dénonce immédiatement aux foules, soudainement domptées.

Lors de son voyage à Londres, il n'eut qu'à se montrer au sortir du chemin de fer. Il était sur-le-champ porté en triomphe jusqu'à Hay-Market. Le lendemain, tous les clubs et tous les palais s'ouvraient devant lui. Les femmes s'empressaient sur ses pas; les lords lui brisaient le bras droit à force de poignées de main vigoureuses et saccadées.

La légende de Nadar est encore vivante à Londres à l'heure qu'il est.

EN BELGIQUE

I

LA BELGIQUE GALANTE

Plus galante mille fois — non, n'exagérons pas, vingt fois — que la France, qui a cependant quelques prétentions dans ce genre. Galante, la Belgique, non dans ses mœurs, que je ne voudrais pas calomnier (sans les connaître de près), mais dans ses publications imprimées, dans sa littérature ou plutôt dans sa librairie, — ce qui n'est pas tout à fait la même chose. C'est une vieille tradition dans la Belgique, et par extension dans tous les Pays-Bas, qu'on y peut imprimer tout ce qui n'est pas autorisé en France. Les presses du xviii⁰ siècle en font foi. Pays de liberté illimitée, même de licence. Un exutoire de la pensée politique et littéraire.

D'où viennent cependant cette franchise et cette indépendance d'allures chez un peuple aux coutumes si pacifiques et si familiales? J'ai longtemps cherché sans comprendre et, de supposition en supposition, je me suis arrêté à celle-ci :
— La Belgique imprime, mais elle ne lit pas; elle ne produit pas pour elle, mais pour l'étranger; elle est inconsciente, comme une fabrique d'armes — ou comme une manufacture de parfums.

Donc, la Belgique nous envoie à pleins tombereaux des volumes de galanteries pour lesquels il n'y a plus de frontières. Je suis loin d'approuver ces sortes de publications; mais, que voulez-vous! une fois qu'elles ont paru, il faut bien leur faire une place dans les bibliothèques, — au plus haut, au très haut des rayons; — elles complètent la physionomie d'une époque, comme le *Recueil de Maurepas*. Là se retrouvent la chanson improvisée après boire, la parodie essayée à huis clos, l'églogue hardie murmurée à l'oreille, le poème égrillard griffonné à la suite d'une gageure imprudente, la charge d'atelier composée par un cercle d'intimes, le sonnet écrit sur les genoux d'une maîtresse de passage, le triolet licencieux qu'on croyait oublié depuis des années, l'épigramme crachée en une heure de colère et qu'on voudrait racheter à tout prix, — jusqu'au distique qu'on avait jeté à la mer et que le livre de Belgique vous rapporte, comme le poisson du tyran de Samos.

Un des premiers promoteurs de ce mouvement galant a été l'éditeur Poulet-Malassis, qui, vers 1863, alla planter sa tente à Bruxelles et inaugura une série de productions clandestines qui avaient pour excuse une typographie irréprochable, et des notes explicatives très malicieuses et surtout très littéraires. C'est de cette époque que date la publication du *Parnasse satirique du XIX° siècle* et du *Théâtre de la rue de la Santé* (*Erotikon Theâtron*).

Je me souviens d'avoir assisté à l'inauguration de ce théâtre original, situé sur les hauteurs de Batignolles, dans une petite maison précédée d'un jardin où les arbres portaient des étiquettes ainsi conçues :

Un abricotier : — Saucissonnier à l'ail (*Saucissonnierus alliaca*; *Linneus*), donné par M. Champfleury.

Un sapin : — Bretellier des Alpes (*Bretellarium Alpinium; Linneus*), donné par M. Alphonse de Lamartine.

Un prunier : — Cubèbe commun (*Cubebus communis; Linneus*), donné par mademoiselle Suzanne Lagier, etc., etc.

Le théâtre était un théâtre de marionnettes, sculptées et peintes par M. Demarsy, artiste de la Porte-Saint-Martin (mort fou depuis).

Le personnel était organisé de la sorte :

Bailleur de fonds et propriétaire : — M. Amédée Rolland.

Directeur privilégié : — M. Lemercier de Neuville.

Régisseur général : — M. Jean Duboys.

Lampiste, machiniste, en un mot toutes les fonctions très viles : — M. Camille Weinschenck.

Ce Camille Weinschenck, qu'on a vu plus tard directeur du théâtre de Cluny, eu égard à la difficulté de prononcer son nom, se laissait appeler : 4025.

Les *ouvrages* qu'on représentait au théâtre de la rue de la Santé étaient des conceptions folâtres signées d'Henri Monnier, d'Albert Glatigny, de Lemercier de Neuville, etc., etc.

Parmi les spectateurs habituels, citons : Paul Féval (qui depuis...), Charles de La Rounat, Alphonse Daudet, Louis Ulbach, Théodore de Banville, Charles Bataille, Alcide Dussolier (aujourd'hui sénateur), Étienne Carjat, Léo Lespès, Métra, Jules Moinaux, etc., etc.

L'historique de l'*Erotikon Theâtron* (son origine et son répertoire), édité il y a vingt ans environ par Poulet-Malassis, est au nombre des réimpressions récentes de la Belgique. Passe pour des réimpressions. Elles n'effarouchent pas outre mesure; elles ne s'adressent qu'à un nombre assez restreint de bibliophiles. J'ai un faible, je l'avoue, pour certaines exhumations du siècle dernier, par exemple; aussi, j'absous presque complètement les réimpressions de *Thémidore*, de Godard d'Aucour, une petite merveille de style pailleté; — des *Soupers de Daphné*, de Meusnier de Querlon, un Nantais ignoré; — d'*Entre Chien et Loup*, mignonnes nouvelles par la comtesse de Choiseul-Meuse; — des *Aventures de l'abbé de Choisy*, des *Muses du foyer de l'Opéra*, etc., etc.

Et cependant je n'ignore pas que, même sur ce terrain, la pente est glissante, que *Thémidore* peut conduire à *Félicia*, que Crébillon fils aboutit à Nerciat, et Nerciat au plus fameux des érotomanes, à celui qu'on désigne par antiphrase sous le sobriquet de l'*aimable marquis*.

Ah! pour celui-là, portes closes dans ma bibliothèque! Il m'a trop ennuyé, d'abord. Car, retenez bien ceci, ô lycéens! l'*aimable marquis*, dont on vous a fait tant de contes, est particulièrement insupportable. Le premier étonnement une fois dépassé, — et je ne nie pas qu'il ne soit énorme, — on flotte dans un chaos d'absurdités sanguinaires qui amènent promptement la fatigue, dans des répétitions d'actes sauvages et stupides qui, à la longue, ne sauraient avoir la moindre espèce d'attrait, même pour l'âme la plus juvénilement perverse.

Un jour, mû par cette curiosité qui est le propre inextinguible du critique, je me suis décidé à me procurer le soi-disant chef-d'œuvre du gentilhomme assassin. J'en avais à peine lu un volume que je n'avais plus qu'un unique désir : me débarrasser des neuf autres (car il y a dix volumes, miséricorde!). Sur ces entrefaites, mon ami Bénédict Jouvin, le critique du *Figaro*, mordu par la même curiosité, me proposa de les lui céder au prix coûtant. Vingt-quatre heures ne s'étaient pas écoulées que Jouvin m'écrivait pour me convier à déjeuner. Dès qu'il m'aperçut, il me sauta au cou, non pour m'embrasser, comme je le croyais, mais avec l'intention visible de

4.

m'étrangler. J'eus toutes les peines du monde à me débarrasser de son étreinte.

— Avant de déjeuner, me dit-il, venez assister à un autodafé...

Et, me conduisant à la cheminée qui flambait, il y jeta les dix volumes du marquis.

— Pouah! fit-il.

Ce fut tout. Depuis, il n'a jamais été question entre nous de cet aliéné.

Ce n'est pas que le marquis de Sade me fasse peur, — allons donc! ce serait trop bête! — ni même que je le considère comme sérieusement dangereux. Les monstres enfantés par son imagination bourrelée n'appartiennent pas plus à la réalité que les ogres et les Barbe-Bleue de Perrault. Au lieu des contes de ma Mère l'Oie, mettez les contes de ma Mère l'Hyène. En fait de tableaux sanguinolents et d'aventures à faire dresser les cheveux sur la tête, je crois que la *Gazette des Tribunaux* ne laisse rien à désirer.

Il y a un moyen infaillible de tuer l'aimable marquis : c'est de le tuer par le ridicule. On a déjà commencé. Je sais une société de jeunes gens où l'on en lit de temps en temps quelques chapitres à haute voix. Cela suffit. Le romancier-jaguar y perd absolument tout son prestige pour se transformer en Prudhomme orgiaque.

Mais où me laissé-je entraîner? Il n'est pas question de M. de Sade ici. Il est question simplement d'un courant de galanterie chez nos voisins, qui se traduit par des cascades de livres en vers et en prose. Ces livres sont pour la plupart établis dans des conditions de luxe qui en circonscrivent la vulgarisation : beau papier, grandes marges, format solennel, — trop solennel peut-être, — vignettes spirituelles. Voilà bien de l'honneur pour des facéties, parmi lesquelles il est bien difficile que ne se glissent pas çà et là quelques pauvretés!

A ce point de l'exécution, la Belgique lutte avantageusement avec la France. Kistemaeckers (éternuez!) vaut Quantin. — Je regrette seulement que le mouvement galant de la Belgique soit appuyé d'un mouvement naturaliste, dont je ne m'occuperai qu'accessoirement, en raison du peu d'intérêt que j'y porte. Ne se contentant pas des librairies de Paris, les écrivains à la suite ou de la suite de M. Émile Zola se sont abattus sur les librairies de Bruxelles; ils y ont trouvé des éditeurs. Comme vous pensez bien, ils se sont bien gardés d'amoindrir leurs procédés et d'adoucir leurs peintures. Au contraire. Ce sont les véritables corrupteurs, ceux-là.

II

LA BELGIQUE FINANCIÈRE

Le chemin de la Belgique a été indiqué, pour la première fois, aux banquiers de l'avenir par le fameux Law, le plus fabuleux des financiers passés et présents.

A notre époque de spéculateurs déçus, d'agents de change distraits, de notaires voyageurs, de changeurs ailés, il est bon de se reporter vers les grands modèles, d'évoquer les figures des maîtres.

Law est un classique de la banqueroute.

Quel drame et quelle comédie que la vie de cet Écossais, dont les uns font un homme de génie et les autres un aventurier! quoi de plus romanesque que son arrivée à Paris? Quoi de plus magnifique que son apogée?

On connaît moins les efforts terribles et les luttes désespérées qui signalèrent sa chute progressive.

Je suis allé les chercher, — pour l'enseignement des races actuelles, — dans le *Journal de*

Mathieu Marais, mis au jour depuis quelques années seulement.

Ce Mathieu Marais, — dont les *Mémoires*, intimes jusqu'à la familiarité, dormaient dans la salle des manuscrits de la grande Bibliothèque, — était un avocat au Parlement, de la plus bourgeoise espèce. Il avait mordu à l'hameçon de l'agio, et il s'y était déchiré la langue. De là son ire contre Law. A l'époque où commence son journal, en 1720, on tombe presque aussitôt sur ce paragraphe :

« 12 juillet. — Les actions sont à 4510. J'en ai acheté quatre pour 18 040. *J'ai très mal fait.* Le lendemain, 13, elles ont été à 4200 et 4400. »

Il a très mal fait ! Cela explique tout : ses rancunes contre Law, ses injustices, sa mauvaise humeur constante. Mais il y a des détails précieux pour l'histoire, et qu'on ne trouve que là, du moins dans cette forme individuelle.

« Mercredi, 17 juillet. — Le peuple s'est assemblé dès le grand matin à la Banque. La foule a été si grande, qu'il y a eu plusieurs personnes d'étouffées, que l'on a portées sur l'enclos du Palais-Royal, qui a été fermé sur-le-champ. Tout le monde est en pleurs dans les rues. Il ne s'est jamais vu une pareille misère, et on est surpris comment Paris subsiste.

» Pourtant Law, avec son impudence anglaise, y a paru (*Impudence*, monsieur l'avocat; pourquoi pas courage?) Quand il a passé dans le petit marché des Quinze-Vingts, il a eu grand'peur. Une femme s'est jetée à la porte de son carrosse et s'est fait traîner; elle lui a demandé son mari, qui venait d'être tué. Le cocher en a même fouetté ses chevaux de toute sa force. Le peuple ne s'est aperçu que c'était Law que quand il a été passé, et Law est ainsi abordé au Palais-Royal, plus pâle que la mort.

» On est allé à sa maison en grande foule *lui porter des corps étouffés*. Les Suisses, qui le gardent depuis longtemps, sont sortis et se sont opposés à la violence. On a disposé des gardes dans son quartier, avec le pistolet à la main. Ses laquais se sont enfuis; leur maître est resté dans le Palais-Royal et craint d'en sortir. Tout est dans une émotion extraordinaire, et voilà l'état où est Paris, à midi. »

Cela commence bien.

Le même soir, une ordonnance royale suspendait, jusqu'à nouvel ordre, le payement des billets à la Banque, en raison de ces désordres.

« Ah! ils crient... soit, ils n'auront rien! » Telle est la devise des gouvernements absolus.

Quelques jours après, le Parlement était transféré à Pontoise, — et Law paraissait à l'Opéra dans la loge du Régent.

Mais ce regain de faveur ne devait pas durer.

« Il y a de la b.ouillerie avec Law, — écrit Mathieu Marais; il est sorti du Palais-Royal. Il veut que l'on donne quelque argent aux honnêtes gens sur les billets de cent francs. Le Régent lui a dit : « J'ai pris ton système pour avoir de l'argent, et non pour en rendre ! »

Est-ce à cette date qu'il faut ranger ces vers connus, qui commencent ainsi :

> Jean Law a mérité la corde,
> Et Philippe le coutelas...

On était déjà brutal à cette époque.

Il y avait peut-être de quoi l'être.

Je reprends le journal de Mathieu Marais.

« Dimanche 1er septembre. — La fille de Law, qui n'a que douze ou treize ans, *et qui est plus insolente que son père* (Oh! voyons, monsieur Mathieu !) a été attaquée dans son carrosse par le peuple, qui lui a jeté des pierres. Elle était allée aux allées du Roule voir pour le retour de la foire de Bezons.

» 13, 14, 15 novembre. — Au milieu de cette misère, on a ouvert le bal de l'Opéra, qui se fait publiquement depuis trois ans, et où l'on donne six francs par personne. Il y a une machine singulière qui élève du fond du parterre un plancher égal au théâtre, et qui fait toute la salle du même niveau. C'est un frère augustin qui est auteur de cette machine très simple. La salle est toute peinte et ornée de lustres et bougies, et le bal dure jusqu'à sept heures du matin. Il y a été beaucoup de monde la nuit de la Saint-Martin, et on a vendu ses billets de la Banque à perte presque du tout pour aller danser, pendant qu'on meurt de faim chez soi.

« Voilà les Français et les Parisiens ! »

Eh ! mon Dieu ! oui, monsieur Marais ! Les voilà, en effet; et tels ils étaient alors, tels ils sont encore aujourd'hui !

Que voulez-vous ! cette frivolité est leur signe distinctif. Il faut les admettre ainsi.

« Mardi, 10 décembre. — *J'ai mal fait de payer*. Il y a une foule extraordinaire à la Banque, pour payer le prêt de 150 livres par action. J'y ai été comme les autres... »

Ah ! tu as mal fait de payer, mon avocat ! Tu l'avoues, et tu avoues aussi que *tu y as été* comme les autres !

Cependant Law continue à faire bonne contenance. Il se montre à la représentation de *Thésée*, avec sa femme et ses enfants. Le duc de la Force est dans leur loge.

Mathieu Marais a bientôt sa revanche ; il écrit sur son journal, à la date du samedi 14 : « Law a pris son parti de sortir de Paris sur les trois heures et n'a pas voulu attendre qu'on l'ait mis dehors. Il s'est retiré à Guermande, à cinq ou six lieues de Paris avec son fils. Sa femme et sa fille doivent partir demain. (Eh ! mais cela ne ressemble point à une fuite !) C'est comme si la peste avait cessé dans Paris, mais les restes dureront encore longtemps.

» J'ai appris que, ce matin, il a eu une dernière audience du Régent, à qui il avait écrit la veille une lettre de six pages. Le fier Écossais est sorti impudemment, et a dit qu'il avait donné de bons avis dont on ne s'était pas servi, que l'on s'en trouverait mal, et M. le Régent tout le premier. *Il a dit cela quand il était dehors.* »

Caillette !

Le trait veut être méchant. Il n'en reste pas moins la sortie très libre, très volontaire et très tranquille de Jean Law, à petites étapes, avec un double passeport du roi et du régent. A Valenciennes, le lieutenant et l'intendant, M. d'Argenson fils, essayent de le retenir pendant quinze heures, sous prétexte de lui faire honnêteté, mais en réalité dans l'attente de quelque contre-ordre. Force leur est de le laisser continuer sa route, toutes portes ouvertes, vers Bruxelles.

Pendant ce temps-là, sa femme et sa fille, restées à Paris, s'y défont paisiblement de leur mobilier. Les selliers et les carrossiers reprennent leurs équipages. « C'est une petite consolation pour Paris que de voir ce remue-ménage, dit Mathieu Marais, *tandis que cette disgrâce devait produire des punitions exemplaires !* »

Law arrive à Bruxelles; cette fois, c'est à la *Gazette de Hollande* que j'emprunte mes renseignements. « Hier, à neuf heures du matin, M. Law et son fils allèrent loger à l'hôtellerie du Grand-Miroir, et, après avoir entendu la messe aux Jacobins, ils reçurent la visite du marquis de Poncarlier, qui les conduisit chez le marquis de Prie, ambassadeur de France. Son Excellence les reçut fort gracieusement et leur fit porter le soir des rafraîchissements à la comédie, où ils étaient allés avec M. de Poncarlier. Ils dînent aujourd'hui chez le marquis de Prie, et, ce soir, on joue la comédie extraordinaire à cette occasion. »

Que dites-vous de ce fugitif? Mathieu Marais le suit du regard, en fermant les poings, de Bruxelles à Cologne, et jusqu'à Venise.

« Law, dit-il, est à Venise, où son intention est

de passer le carnaval. Il se fait appeler Dujardin. »

A partir de ce moment, il perd sa trace.

Si on ne fait pas de drames avec des hommes comme Law, avec qui en fera-t-on ?

III

LES CHATS DE LOUVAIN

Auguste Malassis, le dernier libraire romantique, qui a habité la Belgique pendant plusieurs années, m'a raconté la légende des chats de Louvain.

Il fut un temps, paraît-il, où la ville de Louvain était infestée de chats diaboliques qui, la nuit venue, traversaient les airs et s'abattaient principalement sur la place du Marché, où ils tenaient leurs assises. Un drapier attardé les y avait vus en nombre considérable, mangeant, chantant et dansant au-dessus d'une vaste table.

De semblables scènes avaient lieu dans un château situé en dehors de la ville et à peu de distance. Les locataires avaient été forcés de l'abandonner, effrayés du tapage qui s'y renouvelait chaque nuit.

Chose étrange! Les femmes se montraient plus incrédules que les hommes à l'endroit de ces récits surnaturels. Elles se contentaient de rire et de hausser les épaules.

Parmi celles-ci était la femme d'un cordonnier, grosse commère aux allures suspectes.

Un jour, comme on causait au cabaret de ce château *hanté*, un vieux soldat, qui avait prêté l'oreille, s'écria en tortillant sa moustache :

— Parbleu! vous n'avez qu'à m'indiquer le chemin qui mène à ce château, et je vous réponds bien d'avoir raison de la bande infernale!

— N'en faites rien, lui dirent les buveurs, peut-être ne reviendriez-vous pas sain et sauf.

Mais le vieux mécréant répliqua qu'il en avait vu bien d'autres dans sa vie, et qu'il s'était toujours tiré à son avantage des plus grands périls.

Le maître du château se trouvait là par hasard. Il frappa sur l'épaule du soldat et lui dit :

— Écoute, mon brave, si tu mets un terme à ces enchantements, je te donnerai une bonne récompense.

— Soit, dit l'autre; pour ce soir, je ne demande que du bois pour faire du feu, des œufs, du beurre, de la farine et du lait.

— Tu auras tout cela, dit le châtelain.

Aux approches de la nuit, le vieux soldat s'installa dans la pièce principale, où il n'y avait qu'un grand lit et qu'une grande cheminée.

Son premier soin fut de se coucher dans le grand lit, qu'il trouva fort moelleux, et où il ne tarda pas à s'endormir du sommeil des justes et des vieux militaires.

Les esprits le laissèrent dormir pendant quelques heures, ce qui tiendrait à prouver que tout sentiment d'humanité ne leur est pas étranger.

Il fut réveillé par un léger bruit de va-et-vient, sur le plancher.

Alors il ralluma sa chandelle et commença à faire du feu dans l'âtre.

Puis il cassa ses œufs dans un vase de terre, y mit sa farine, son lait, et délaya le tout pour en composer une pâte.

Pendant qu'il se livrait à cet exercice, un chat, sorti on ne sait d'où, vint se poser gravement à côté de lui en disant :

— Est-ce que je peux me chauffer?

— Certainement, répondit le vieux lascar sans paraître surpris.

Le chat se tint immobile, le regardant faire.

— Que remues-tu donc là? lui demanda le chat un moment après.

— La pâte pour les crêpes.

Au bout de quelques minutes, un deuxième chat parut dans la chambre, puis un troisième, un quatrième, un cinquième, un sixième, un septième.

Chacun d'eux adressa la même question au soldat, qui leur fit la même réponse, — sans interrompre son ouvrage.

Tout à coup un huitième chat, plus gros, effectua son entrée. Il faut croire que c'était un chat d'importance, car tous les autres se dérangèrent à son aspect; ensuite, se dressant sur les pattes de derrière et se tenant par les pattes de devant, ils exécutèrent autour de lui une danse furibonde accompagnée de miaulements enragés.

Le vieux soldat ne les quittait pas de l'œil.

Du reste, ils semblaient ne faire aucune attention à lui.

A ce moment, il venait de jeter un gros morceau de beurre dans la poêle.

Le beurre chantait, lui aussi, mais il n'arrivait pas à dominer les voix des chats.

A la fin, le vieux soldat, saisissant bien son temps, prit la poêle et arrosa tous nos danseurs avec le beurre bouillant.

La plus grosse part échut au plus gros, qui en eut le dos entièrement brûlé.

Un cri effrayant retentit, — cri qui fut entendu dans tout le faubourg — et aussitôt les huit chats disparurent comme ils étaient entrés.

— Bonsoir, la compagnie! dit le soldat en riant de toutes ses forces.

Il continua à faire ses crêpes ; après quoi, il se remit tranquillement dans le grand lit, où il reprit son somme jusqu'au matin sans être dérangé.

Les habitants de Louvain, ne le voyant pas revenir, pleuraient déjà sur sa triste fin.

Quelle ne fut pas leur surprise en l'apercevant sur le seuil du château, la face gaie et la pipe aux dents !

Lorsqu'il eut raconté son aventure et reçu du châtelain la récompense promise, plusieurs femmes se rendirent chez la cordonnière, dont l'incrédulité allait être réduite à néant.

Un spectacle extraordinaire les y attendait.

La cordonnière était couchée et poussait des gémissements à fendre l'âme. Tout son dos n'offrait qu'une plaie, et (ce qui paraissait inexplicable) des morceaux de beurre étaient attachés à ses cheveux…

Depuis ce temps, les chats cessèrent de tenir leurs assemblées nocturnes, et la ville de Louvain rentra dans son calme accoutumé.

EN HOLLANDE

Quel joli rhumatisme j'ai attrapé à Anvers dans une chambre d'hôtel de la place Verte, ouverte aux quatre points cardinaux. J'aurais pu dire comme Arnal dans je ne sais quel vaudeville : « Si un moulin à vent s'établissait ici, il y ferait certainement d'excellentes affaires. »

J'ai consigné quelques phases de ma mauvaise humeur dans un carnet dont je déchire quelques feuillets à ton intention, lecteur sédentaire.

Premier motif de mauvaise humeur : l'achat d'un *Guide*.

Il est malheureusement certain qu'un *Guide* est indispensable.

Jusqu'à présent le *Guide Joanne* m'avait suffi. Le *Guide Joanne* n'en dit ni trop ni trop peu ; il ne vous impose pas ses opinions.

Le *Guide Conty* a aussi du bon; il est paternel; ses conseils hygiéniques sont dans ce goût : « Emporter dans son sac du suif frais, pour en frotter le soir les parties du corps qui seraient échauffées. »

Pourquoi donc ne me suis-je pas contenté cette fois de ces deux classiques?

La faute en est à M. E. Sardou, frère de l'auteur dramatique et libraire à Bruxelles, qui m'a dit :

— Puisque vous vous dirigez vers la Hollande, prenez donc un *Guide Baedeker;* nous ne vendons plus que de cela aujourd'hui; Baedeker a détrôné les autres *Guides.*

J'achetai un Baedeker.

Mal m'en prit; les plans de ville de cet Allemand, établis sur une échelle microscopique, sont la mort aux yeux. Ses réflexions sont marquées au coin de l'extraordinaire; celle-ci fera juger des autres : « Anvers est la principale place forte de la Belgique... *On a calculé qu'il faudrait une armée de 170 000 hommes pour l'assiéger.* »

Qui est-ce qui a calculé cela, ô Baedeker? Est-ce vous, homme de Leipzig? D'où vous vient tant de précision?

Ma chambre est triste à pleurer, à l'hôtel Saint-Antoine.

« ... *Et toujours de la pluie!* » comme dit

Louis XIII, au quatrième acte de *Marion de Lorme*.

Pas un tableau, même ridicule, sur lequel reposer ma vue.

Il est des heures d'ennui où l'on se raccroche à tout, où l'on comprend tout, même le mauvais goût.

Je me propose, un de ces jours, de réhabiliter ce qu'on appelle le mauvais goût, cette chose si calomniée et souvent si consolante.

J'ai toujours gardé le souvenir d'une chambre d'hôtel, à Lyon, où triomphait le mauvais goût, et où je suis souvent revenu avec plaisir. On y voyait au mur deux têtes d'étude au crayon noir, — un Romulus et une Hersilie, — avec le *fecit* de l'élève et la date : 1825. Puis, un site agreste bordé en perles, et ces mots au-dessous : *Vive mon cher oncle!* — Mauvais goût !

Mauvais goût aussi la pendule d'albâtre, accompagnée d'une paire de vases de fleurs artificielles, enfermés dans des globes de verre, et surmontée d'un trumeau peint. Oh ! le trumeau ! cette chose charmante et si disparue aujourd'hui ! Ce paysage bleu, ce cavalier vert, cette paysanne à cotte rouge, ce castel en ruine !

C'était du mauvais goût tant que vous voudrez mais combien ce mauvais goût était amusant !

Sonnez une fois pour le garçon.

Sonnez deux fois pour la femme de chambre.

Ces mots sont écrits dans ma chambre à côté du bouton de la sonnette électrique.

J'ai sonné trois fois ; il n'est venu personne.

Étude de garçon :

En ces derniers temps, il s'est créé une race de garçons d'hôtel uniformément taillés sur le même modèle.

Ce modèle, le voici :

Un jeune homme de vingt à vingt-deux ans, imberbe (c'est la condition absolue), invariablement blond, exsangue, à la chair blanchâtre, au cheveu rare, l'œil d'un poisson mort, la bouche morte aussi. C'est un être indécis, d'un sexe douteux, un automate bien dressé, portant certainement l'habit noir mieux qu'une foule de bourgeois et la cravate blanche à rendre jaloux un avocat. Il va et vient en souliers plats, sans indolence mais sans activité, répondant le moins possible et par monosyllabes, impassible, semblant avoir pour consigne de ne pas comprendre. Il appartient obligatoirement à une de ces trois nationalités : Belge, Anglais ou Allemand. Peut-être est-il Français ; mais alors tenez-le pour un Français complètement démarqué, déformé et surtout désossé. On peut le malmener, le rudoyer, l'apostropher, il ne soufflera pas mot.

Est-ce à dire que ce soit un crétin ? Je ne le crois pas. La plupart savent plusieurs langues ; en rentrant quelquefois sur le tard, j'en ai surpris qui piochaient leur dictionnaire.

A quoi pensent-ils ? Il paraît que, sous cette enveloppe d'impassibilité et d'indifférence, il y en a qui nourrissent de vastes ambitions — et rêvent d'être patrons à leur tour.

A bientôt le portrait du patron.

Table d'hôte à six heures.

Le sommelier me demande quel vin je prendrai.

Je demande la carte.

Mon regard tombe sur cet avis : « Cinquante centimes de supplément par demi-bouteilles. »

Oh ! fi ! fi !

Et n'allez pas croire que cela se passe dans des hôtels moyens ; non, je suis descendu au premier hôtel de La Haye.

Qui va à La Haye va aux bains de mer de Scheveningue.

Je suis allé aux bains de mer de Scheveningue. J'ai grelotté consciencieusement sous le vent glacial de la mer du Nord, et, pendant une heure, j'ai été aveuglé par le sable des dunes.

Quatre personnes se baignaient, — pour n'en pas avoir le démenti.

SUD

AVIGNON

J'étais à Avignon le 23 mai dernier. Je m'y étais arrêté en revenant de Nice, pour souhaiter le bonjour à une nichée de poètes, mes amis; car Avignon est par excellence la ville des papes; — le carillon de ses rimes s'est ajouté au carillon de ses églises; ses félibres, ces dignes continuateurs des troubadours, remplissent l'univers de leurs chansons plus provençales que jamais. Mais voyez la fatalité! Mes amis s'étaient tous envolés vers Gap, où l'on fêtait la Sainte-Estelle. J'aurais compris plutôt l'Estelle de Florian. Enfin, ils étaient tous partis, en chantant, bien entendu, — laissant Avignon déserte et silencieuse, et il n'en restait plus un seul, ni Roumanille, ni Mistral, ni Félix Gras. Je me trompe : il restait, caché au centre d'un réseau de petites rues étroites, le doux, le timide, l'affectueux Téodor Aubanel, dont la vieille imprimerie s'abrite sous un écusson aux armes papales. J'étais certain de le trouver au logis ; une convalescence qui avait duré assez longtemps, et qui durait encore, m'y garantissait sa présence. Aussi, quand je heurtai à son huis, me fut-il répondu par le pas et bientôt par les coiffes d'une servante. Je crus avoir pénétré chez le David Séchard de Balzac ; tout y disait la légende d'une imprimerie de province, les affiches judiciaires collées aux murs, les livres d'éducation en nombre, les grammaires et les catéchismes approuvés par Mgr l'archevêque, la *Civilité puérile et honnête*, en caractères macabres, la *Bibliothèque bleue*, l'*Almanach du département* avec le tableau des foires et des marchés, la *Géographie* de l'abbé Gaultier, l'*Histoire de France* de Le Ragois, ornée d'un portrait et d'un distique pour chaque roi ; — et toute cette menue papeterie qui accompagne cette menue librairie : les cahiers rayés, les exercices, les corrigés, les transparents, les écritoires de liège, les sables de couleur, les cornets de pains à cacheter, les paquets de plumes d'oie, les pelotons de ficelle et même les billes à jouer. Tout cela sentant le renfermé, l'usé, le moisi.

— Té, Monselet! fit une voix qui était celle de Téodor Aubanel.

Et, dans l'effusion qui suivit notre bonne accolade, il m'entraîna dans son cabinet de travail du premier étage. Figurez-vous un petit homme d'aspect guilleret, entièrement chauve, ayant quelque chose du profil de Socrate. Ce que fut notre entretien, on le devine; on parle du bavardage des femmes, mais qu'est-ce auprès de celui des poètes? Aubanel me communiqua ses derniers vers; son bagage, pour peu considérable qu'il soit, est connu de tous les amateurs; il se compose de trois ou quatre volumes : *La Miougrano entreduberto* (*la Grenade entr'ouverte*), *les Filles d'Avignon*, le *Livre d'Amour*, etc., etc. Théophile Gautier, dans son *Étude sur la poésie depuis 1830*, qui sera un répertoire éternellement consulté, a consacré un paragraphe à la renaissance provençale, et, dans ce paragraphe, une phrase à l'adresse de Téodor Aubanel. Voici ce qu'il en dit : « Auprès de Mistral, il est juste de placer l'auteur de *la Grenade entr'ouverte*; ses vers ont la fraîcheur vermeille des rubis que laisse voir en se séparant la blonde écorce de ce fruit éminemment méridional. »

En dehors de ces volumes réimprimés plusieurs fois, mentionnons aussi quelques pièces de petite dimension qui ont été converties en plaquettes. Au nombre de celles-ci, mes regards s'attachèrent à une fantaisie ayant pour titre : *A-n-uno Veniciano* et commençant ainsi :

> Dempièi lou vespre que l'ai visto,
> Moun cor brulo et moun amo es tristo
> O Leounard ! O Joan Bellin !
> L'enfant es do vosto famino...

Ces vers tranchent tellement, par le choix du paysage et par le mouvement, sur la manière générale des félibres, qu'après les avoir lus plusieurs fois je ne pus résister au désir de demander à Aubanel la permission d'essayer de les traduire en français.

Ai-je dit que cette scène avait pour cadre une belle journée de dimanche, un ciel bleu, un horizon de vaporeuses collines commandées par le superbe mont Ventoux ? Ce que voyant, et la douceur de la température permettant la promenade à deux convalescents comme nous, nous sortîmes et nous traversâmes la place Crillon à l'heure où la population y afflue. La place Crillon est une des places les plus gaies de province avec ses cafés populeux, son théâtre et son beffroi, où depuis des siècles, Jacquemart offre un bouquet fand à sa femme, — délicieux bijou architectural qui appelle le grand jour et le grand air, et que la municipalité a trouvé ingénieux d'enfermer dans quatre murs. Après avoir dépassé la place Crillon, nous descendîmes par le pont coupé, ce célèbre pont tout retentissant de la ronde encore enfantine : *Les beaux messieurs font comme ça... les belles dames font comme ça...* Et nous nous trouvâmes dans l'île de la Barthelasse.

De tous les paysages que baigne le Rhône aux flots plus fougueux que caressants, l'île de la Barthelasse est celui qui m'attire le mieux. De sa rive enclose de grands roseaux toujours frissonnants, et qui sert d'escale aux bateaux à vapeur, on embrasse la ville d'Avignon dans toute sa splendeur, depuis son rocher fleuri des Doms, son château formidable aux belles teintes dorées, jusqu'à sa ceinture de remparts plus coquets qu'imposants, et dont les portes apparaissent de distance en distance comme des nœuds de pierre. L'île de la Barthelasse, qui a le sans-façon d'Asnières, est consacrée toute l'année à des fêtes populaires; c'est là qu'ont lieu dans des cirques en planches ces corridas naïves où des paysans combattent contre des vaches aux cornes emmitouflées de linge; c'est là aussi que félibres et cigaliers vont fraterniser dans des bosquets hantés concurremment par des rossignols provençaux.

Les heures vont vite en causant amicalement. Tout en marchant à pas lents, j'avais donné à Téodor Aubanel des nouvelles de tous mes amis de Paris. Le moment vint où nous dûmes reprendre le chemin d'Avignon : nous passâmes encore une heure environ à nous reconduire réciproquement. Sur le point de nous séparer, devant l'hôtel d'Europe, je crus lui causer une agréable surprise en lui apprenant que l'Odéon se disposait à représenter cet hiver un drame de lui, Aubanel, traduit du provençal par Paul Arène.

— *Lou Pan dou Pécat!* s'écria-t-il.

— Non ; *le Pain du Péché*, répondis-je en riant.

— C'est juste, fit Aubanel.

Et il ajouta :

— Les Parisiens seront peut-être déconcertés par la sauvagerie de cet ouvrage, qui fut joué pour la première fois à Montpellier... mais je compte sur les belles tirades que Paul Arène y a semées.

Rentré dans ma chambre, je me souvins des vers *A une Vénitienne* et j'employai une partie de la nuit à les traduire tant bien que mal. Que les félibres me pardonnent mon audace et excusent mes fautes !

A UNE VÉNITIENNE

Depuis qu'un soir je l'ai suivie,
Il semble qu'elle ait pris ma vie.
O Léonard ! ô Jean Bellin !
L'enfant est de votre famille ;
Vous l'avez peinte, cette fille,
Avec ses regards de félin.

Ses traits empreints d'un charme étrange
Tenaient du démon et de l'ange.
Mais c'étaient surtout ses grands yeux
Dont le fond luisait comme l'onde.
Elle était blanche et pâle, et blonde
Comme on sait l'être aux pays bleus ;

Blonde comme un feu de topaze,
Le nimbe d'un saint en extase,
Ou comme la vive rougeur
Du soleil, lorsqu'il se dérobe
En secouant l'or de sa robe,
Devant Saint-Georges-le-Majeur.

Ainsi que la vague marine,
Hardiment bombait sa poitrine.
Avec des sauts multipliés.
L'œil caressait ses belles hanches ;
Vous auriez baisé ses mains blanches,
Vous auriez embrassé ses pieds.

Et j'allais, dans ma rêverie,
Tout le long de la *Mercerie*,
Comme par un songe enlevé
Dans la foule elle passait fière,
Laissant un rayon de lumière,
Touchant à peine le pavé.

J'étais en proie à la Mascotte ;
Dans sa capricieuse trotte
Allant de recoin en recoin,
Savante dans l'art de séduire,
Elle était femme à me conduire
En enfer, et même plus loin.

Car elle était de cette race
De beautés à triple cuirasse,
Qui tiennent l'esprit en souci
De savoir le fond de leur âme :
Énigmes de neige et de flamme,
La Mona-Lisa, la Cenci.

C'était l'heure où, fermant leurs ailes,
Se reposent les tourterelles
Au front des palais endormis,
Dans chaque rue étroite et torte
Tout un peuple empressé se porte :
Moines, soldats, groupes d'amis.

C'est un carnaval de Venise :
Des gens en manches de chemise
Croisent de galants mantelets ;
Les pêcheurs vont criant leur pêche ;
On entend les vendeurs d'eau fraîche
Faisant tinter leurs gobelets.

Et c'est dans toutes les ruelles
Des musiques perpétuelles,
Concert toujours recommençant :
O guitares ! ô mandoline !
La fenêtre s'ouvre... on devine
Une amoureuse apparaissant.

Mais peu m'importe le tapage !
Dans la cohue où je m'engage
Je ne vois que la belle enfant.
Des fois, on la croirait perdue ;
Ou bien, elle était confondue
Dans le flot du peuple étouffant.

Ainsi jusqu'au pont du Rialto
Nous marchâmes ; elle fit halte ;
J'allais la rejoindre, mais quoi ?
La fadette hèle une gondole,
Et seulette, comme une folle,
Saute dedans, me laissant coi,

Puis, le bruit des rames agiles...
L'ombre croît ; aux pointes des îles
Déjà s'allume maint fanal,
Les palais et les campaniles
En reflets muets et tranquilles
Se mirent dans le Grand-Canal.

Ainsi qu'une noire hirondelle,
La barque fuit à tire-d'aile.
— Où va l'enfant ? Ô soir amer ! --
Tandis qu'en la gondole brune
Sa robe, comme un jet de lune,
Blanche, resplendit sur la mer.

Un félibre à Venise ! C'est déjà passablement curieux comme cela. Mais combien est encore plus curieux ce titre : *Un félibre qui suit les femmes !*

ARLES

En Arles, 1877.

Des gens, qui, à cette époque troublée, traversent la France pour aller, à une centaine de lieues de Paris, causer poésie et art, ce sont, à coup sûr, de braves gens.

Tel est le spectacle que viennent de donner un certain nombre d'entre nous, littérateurs, journalistes, peintres, sculpteurs. Ce pèlerinage en vaut bien un autre. Pour ma part, j'avais tout oublié, — voulant tout oublier pour ne répondre qu'à l'appel de la Muse, l'irrésistible et presque unique conseillère de mon existence !

27 septembre 1877.

Vendredi soir, à huit heures, un wagon réunissait à la gare de Lyon : MM. Oscar Commettant, Maurice Faure, Louis Simonin, Grangeneuve, de Lamarque, Étienne Leroux, Amy, Massol, — et bien d'autres dont les noms ne se retrouvent pas sous ma plume.

Après *dix-neuf heures et demie* de chemin de fer, nous arrivions à la gare d'Arles, où une députation de la Commission archéologique nous attendait pour nous souhaiter la bienvenue. Bien que le trajet eût un peu défraîchi quelques-uns d'entre nous, — nous dûmes traverser la ville, précédés par la fanfare jouant une marche triomphale.

Ne souriez pas, sceptiques Parisiens! Cette course à travers les rues tournantes de la vieille ville provençale, sur ses pavés pointus qui ont usé les semelles et les plaisanteries de tant de générations, cette course avait un caractère de bonhomie pittoresque à charmer les plus narquois d'entre vous.

Grangeneuve en avait oublié ses *Triolets à Nini*; Massol, l'ancien baryton de la création de *la Reine de Chypre*, affirmait qu'il y avait là dix motifs de décors pour l'Opéra ; le Simonin, voyageur ingénieux et ingénieur, jurait qu'il bornerait désormais ici ses voyages.

Sur les portes, aux fenêtres, les Arlésiennes se pressaient rieuses et curieuses.

J'ai entendu, dans ma vie, bien des discours officiels et autres ; mais jamais je n'en ai entendu de plus simple, de plus touchant, de plus digne, que celui par lequel M. Gautier-Descottes nous a accueillis à la mairie.

Rien n'y manquait, pas même une pointe de mélancolie que je tiens à relever.

« Arles, avec son passé historique, avec ses monuments lapidaires, œuvre multiple et variée d'une longue suite de siècles, avec les traditions antiques restées empreintes dans nos mœurs, dans notre langage, ne pouvait point échapper à l'attention des hommes d'élite, amoureux de l'art et de la forme, qui composent votre société.

» Mais, nous devons l'avouer avec regret, les arts, dont vous êtes les dignes représentants, sont la partie de nos traditions que nous délaissons le plus ! A la vie facile de nos anciennes familles, aux loisirs que leur laissaient la richesse d'un sol incomparable et les produits variés de vastes domaines, ont succédé l'extrême division des fortunes, les besoins de pain journalier, l'âpre sollicitude de la matière ! Aussi notre population, quoiqu'elle soit pleine de vie et d'intelligence, est-elle courbée sous les rudes travaux des champs et des ateliers, et, il faut bien en convenir, sans lui faire injure, elle aime mieux les plaisirs du cirque, le bruit, les fêtes et l'éclat que les jouissances spéculatives et purement intellectuelles.

» Accoutumés comme vous l'êtes à la vie purement artistique, à la culture des formes du langage, aux délassements de l'esprit et aux arts qui sont l'apanage de la richesse, vous serez étonnés de notre pauvreté ! »

Cette note triste, hâtons-nous de le dire, n'était que l'expression exagérée d'un sentiment de modestie. Nous avons pu nous en convaincre par la suite, pendant notre séjour.

Au discours français a succédé un discours provençal de la plus piquante originalité. Le dialecte d'Arles est tout à fait compréhensible ; c'est un voile transparent sur la pensée, rien de plus. Encore un discours, celui-ci, qui ne ressemblait à aucun discours connu ! L'auteur y traitait particulièrement des Arlésiennes et de leurs toilettes ; c'était une description scrupuleuse, minutieuse, semée de traits spirituels et du meilleur accent littéraire. — En pleine mairie !

Parmi les anecdotes dont ce discours provençal était saupoudré, j'ai retenu celle-ci :

En l'an 1519, le roi de France vint à Arles.

Pour lui faire fête, les consuls de la ville lui présentèrent sept des plus belles Arlésiennes.

En les voyant, le roi, qui était bon connaisseur, s'exclama de toutes ses forces :

— Messieurs les consuls, d'où viennent ces oiseaux de paradis ?

— Sire, de Trinquetaille, de la Rouquette, de la Hauteur (faubourgs d'Arles)..., répondit un des consuls.

Le roi ne comprenait qu'à demi ; mais, se tournant vers un de ses gens, il lui dit :

— Prenez ces noms ; j'étudierai volontiers cette géographie.

Discours et réponses, tout cela fut vite expédié d'ailleurs, et dura une heure à peine.

A partir de ce moment, notre séjour à Arles n'a plus été qu'une suite non interrompue de plaisirs. Le programme a été exactement suivi. Les galoubets et les tambourins ont joué leur rôle ; la farandole a déroulé ses anneaux.

A l'heure où j'écris, les taureaux de la Camargue, engagés pour la *ferrade*, font irruption dans la ville, lancés au grand galop par des cavaliers armés de longues piques en forme de trident.

Aux voyageurs parisiens se sont joints successivement les félibres d'Avignon : Théodore Aubanel, Roumanille, Anselme Mathieu, Félix Gras. J'aperçois aussi le peintre Jean d'Alheim, et M. Lisbonne, sénateur de l'Hérault, M. Jean Aicard, etc.

La foule encombre les rues; elle va, elle vient. On s'accoste, on se reconnaît, on se compte. Tous les visages respirent la gaieté. L'aimable population, affable, courtoise ! avec plus de discrétion que sur tous les autres points de la Provence.

On ne pouvait faire un meilleur choix pour un rendez-vous de la nature du nôtre.

Le lendemain de mon arrivée à Arles, je recevais à mon hôtel — l'hôtel du Forum — la lettre que voici :

« Fontainebleau, 22 septembre 1877,

» Mon cher confrère,

» J'avais le projet de me joindre à vous pour fêter la Bretagne et la Provence. Des empêchements imprévus me privent de ce plaisir. Laissez-moi vous dire, je vous prie, que je suis de cœur avec tous nos confrères, les fils du Midi et les fils de l'Ouest, les chantres de la Pomme et les chantres de la Cigale.

» Quelle bonne inspiration vous avez eue de mettre au concours une pièce de vers sur Brizeux ! Il était vraiment un lien poétique entre les deux régions. Je vous en remercie pour ma part, et d'avance j'applaudis le vainqueur.

» Recevez, cher confrère, avec tous mes regrets l'assurance de mes sentiments dévoués.

» SAINT-RENÉ TAILLANDIER. »

On sait que M. Saint-René Taillandier était un des meilleurs amis de Brizeux, celui de la dernière heure. C'est dans ses bras, à Montpellier, qu'est mort l'auteur de *Marie*.

Malheureusement M. Saint-René Taillandier en est pour les applaudissements qu'il réservait au vainqueur de notre concours. Notre *bonne inspiration*, comme il veut bien l'appeler, est restée sans résultat; Brizeux n'a pas été chanté d'une manière suffisante, et le prix a dû être ajourné.

En revanche, il y a eu un excellent concours pour cet autre sujet proposé : *les Filles d'Arles*, en vers français. Deux prix ont été remportés et bien gagnés : — le premier par M. Gailhard, un jeune avocat des plus sympathiques; le second par M. Ogier d'Ivry, de Vesoul.

J'ai pu me procurer le discours provençal dont j'ai parlé plus haut.

Je n'en démords pas, c'est une page délicieuse ; je viens de passer une heure à essayer d'en traduire tant bien que mal quelques morceaux.

Cela commence avec une bonhomie parfaite :

« *Mi bravi messieurs,*

» *Sarai court...* »

(Je laisse maintenant le provençal pour mon humble traduction.)

« Vous avez vu notre ancienne ville d'Arles, que M. de Chateaubriand avait pris pour un musée en plein air ; — notre Rhône avec ses barques pavoisées à votre occasion ; — nos belles ruines, nos arènes...

» Vous avez vu notre population heureuse de votre arrivée, nos galantes *chatounes* (demoiselles) dans leur costume renommé.

» Mais ce que vous n'avez pas vu, ce sont les habits et les joyaux de nos grand'mères, qui n'étaient pas trop mal attifées non plus. — Oh ! qu'ils étaient cossus, leurs habits !

» Un élégant soulier de maroquin rouge (sur un bas d'un blanc de neige, étiré comme une nappe), à crochet d'or ou d'argent, à talons hauts, enfermant un pied léger comme un pied de perdrix.

» Un cotillon en indienne fleurie voltigeant autour d'une jambe qui aurait fait envie à une reine.

» Un justaucorps, — orné des plus belles étoffes rapportées du Levant par nos braves marins, — serrant la taille, comme la courreiole serre le pied des noisetiers.

» Puis, par-dessus le corset, un *drôlet !* »

Remarquez le nom, qui est un sourire à lui seul ! le *drôlet !*

La description qu'en fait l'auteur est charmante, comme tout le reste :

« Figurez-vous une camisolette ouverte devant, pincée sur le côté, et, par derrière, garnie de deux basques qui se jouent, de droite et de gauche, à la manière des ailes d'un papillon.

» Tout juste au-dessus du coude, les manches du drôlet se perdent dans des dentelles qui se confondent si bien en blancheur avec le satin naturel des bras que le tout n'en fait plus qu'un.

» Enfin, au poignet gauche, un coulant d'or à maltaise (croix de Malte) branlante semblait dire, par ses mouvements, que le cœur d'une *Arlatenque* (Arlésienne) peut bien varier un peu avant de s'attacher, mais qu'une fois donnée elle est toute à son engagement autant que le bras au corps, le poignet au bras, le coulant au poignet.

» Je ne vous ai pas encore tout dit.

» J'en arrive au fichu, — transparent, à lentilles d'argent, qui fait le tour du cou et vient se croiser sur la poitrine. Sur le fichu, une croix à diamants attachée par un ruban nègre, — les coquettes! — Elles choisissent le nègre pour faire valoir le blanc du cou.

» Leur coiffure est toute une science.

» Elle commence sous le menton par un béguin de dentelle, qui encadre le visage, — d'où s'échappent les pendeloques des oreilles et les frisons des cheveux, — pour venir se nouer sur le front en une ganse à quatre coins... »

Je suis forcé d'abréger, — c'est dommage; mais vous voyez, c'est tout un *Traité de l'Arlésienne*, des pieds à la tête. Et quel style! quelle précision et quelle finesse!

Peut-être étonnerai-je en apprenant au lecteur que cette page si brillante et si jeune est l'œuvre d'un vieillard de quatre-vingt-deux ans, M. Honoré Clair, doyen des archéologues d'Arles.

MONTPELLIER

I

Au jour et à l'heure où nous sommes, la ville de Montpellier est en grande liesse.

Il s'y donne des fêtes savantes et littéraires, dans le genre de celles qui ont eu lieu à Arles au mois de septembre dernier.

Le Languedoc, la Provence, l'Aquitaine et la Catalogne y sont représentés par leurs écrivains les plus renommés.

Ces fêtes s'appellent les *Fêtes latines :* car les quatre provinces dénommées mettent leur orgueil à se rattacher à la conquête latine.

Peut-être y a-t-il là un certain abandon du

sentiment national dont on pourrait s'étonner. L'amour de la littérature ne prime-t-il pas un peu trop ici l'amour de la patrie? Nos vieilles provinces du Centre et du Nord n'ont pas eu cette hâte de saluer leurs conquérants et de s'enrôler sous leurs étendards.

Elles se sont, au contraire, efforcées et s'efforcent encore de demeurer françaises. Groupées autour du berceau de Rabelais, — situé dans le magnifique pays de Touraine, — elles sauvegardent cette langue que l'auteur de *Pantagruel* a faite si belle et si riche.

Que nous devions beaucoup aux Latins, c'est un fait devant lequel je m'incline. Mais que nous leur devions tout, c'est autre chose. Il y a une sève particulière à la Gaule centrale et à la Gaule celtique, — sève que le travail intellectuel accompli aux frontières méridionales par les Latins n'a pas aussi absolument entamée qu'on pourrait le croire.

Dans ce détachement de la Provence, du Languedoc et de l'Aquitaine (je mets de côté la Catalogne), je sens quelque chose qui me froisse involontairement. Reconnaître les bienfaits de la conquête, les accepter, en profiter, c'est tout naturel.

L'enthousiasme me paraît de trop.

Le plaisant se mêlera au sévère dans les fêtes de Montpellier.

Des concours de hautbois et de tambourins alterneront avec les concours des sociétés philologiques.

Des jeux et divertissements populaires auront lieu sur les promenades : « A trois heures, au Peyrou, — dit le programme, — entrée des animaux symboliques : le Bœuf de Mèze, le Loup de Loupian, le Poulain de Saint-Thibéry, le Chevalet de Montpellier... Tir des Chevaliers du Bois roulant; danses des Treilles, des Faucheurs, etc., etc. »

Le lundi, c'est-à-dire demain, excursion à Maguelonne. Ce ne sera pas la partie la moins intéressante de ces fêtes.

Maguelonne est une ville abandonnée, une église déserte, au milieu d'une lande immense coupée de vastes marais, à deux pas de la Méditerranée. Rien n'y rappelle les splendeurs de la Maguelonne d'autrefois. « Maguelonne, la croisade prêchée par Urbain II ! Maguelonne, Alexandre III sur la haquenée blanche, encombrant de son cortège pontifical, le pont d'une lieue ! Maguelonne, la ville, la forteresse, l'évêché, la cathédrale ! Maguelonne, la déserte, une ferme, les goélands sur la plage, les sabots des chevaux sur les tombes épiscopales ! »

Ainsi l'ont dépeinte, d'un style imagé, Edmond et Jules de Goncourt, dans un voyage aux Villes mortes.

Mais, demain, Maguelonne revivra, pour quelques heures, de sa bruyante vie. On y représentera un *mystère*, — *le Mystère d'Adam*, — en dialecte anglo-normand du xii° siècle.

Après quoi, les excursionnistes prendront leur part d'un banquet, dit banquet du *Parage*, composé exclusivement des poissons des étangs et de la Méditerranée.

Eh! mais le temps passera vite et agréablement aux fêtes de Montpellier!

II

FÊTES LATINES

Je reçois un almanach languedocien, *la Lauseta* (l'Alouette), bourré de vers, de prose et de traditions locales, à l'imitation de l'*Armanac Provençau*.

C'est Montpellier qui salue Avignon.

Et quelle fanfare d'enthousiasme font éclater ces émules des félibres!

« Sur la fin de l'année 1877, — racontent-ils, — ouvrit les ailes dans Paris notre *Lauseta* ou *Alauseta* languedocienne; elle s'éleva avec sa chanson de joie, d'amour, de soleil et de liberté, à travers le ciel étonnamment doux de l'immense cité. Elle gazouilla au-dessus du Panthéon, qui a gardé la dépouille de Riquetti de Mirabeau...

» Et notre oiseau s'éleva à perte de vue, et bientôt, comme une flèche bruissante, il vint piquer droit à son nid, dans les champs rougeâtres de Montpellier, plantés de vignes et d'oliviers, au milieu d'ombrageantes pinèdes et de garrigues âpres, — en face de la mer Méditerranée. »

A la bonne heure ! voilà ce qui s'appelle écrire ; c'est du feu qui court entre ces lignes. Vivent les gens du Midi ! Lorsque je pense à eux, je donne de grands coups de poing sur ma table ; mes cheveux brunissent, ma voix s'enfle, — et, pour un rien, je me mettrais à danser la farandole.

Mais on ne danse pas tout seul la farandole.

Pauvres hommes du Nord que nous sommes ! Comme nous voilà loin de cette exaltation, de ce brio, de cette pétulance, de cette fièvre, de cette mimique, de ce ramage !

C'est de l'orgeat qui coule dans nos veines.

Pas même de l'orgeat : — de l'*orzeat !*

MARSEILLE

J'ai vu à Marseille plusieurs toiles d'un peintre, nommé Monticelli, qui est de la force de cinquante *impressionnistes*.

Ses tableaux se reconnaissent au premier coup d'œil dans la vitrine des marchands. D'abord, on n'y distingue rien du tout; ce n'est qu'un amas de touches criardes, de couleurs hurlantes, de taches exaspérées, — quelque chose comme une palette exposée toute saignante.

A une distance de vingt pas seulement on arrive à discerner quelque chose dans les toiles de Monticelli : ce sont des cardinaux en robe rouge, des femmes en robe traînante descendant des escaliers de marbre, des barques prêtes à voguer pour Cythère, des pins parasols découpant leur verdure sur des coins de ciel bleu, de blanches statues, des paons étalant leur queue sur le gazon, des négrillons vêtus de brocart — et mille autres fanfreluches plus étincelantes les unes que les autres.

« Que de choses dans un ballet ! » s'écriait Noverre. Les toiles des impressionnistes sont les ballets de la peinture.

SAINT-RAPHAËL

Il n'est pas aussi facile qu'on pourrait le croire de se détacher du littoral méditerranéen. J'en suis un exemple vivant et, j'ose le dire, bien vivant. Depuis les obsèques de M. de Villemessant, auxquelles le hasard m'a fait assister à Monaco, je ne cesse de remettre mon retour à un lendemain qui recule toujours. Mais partez donc, lorsque le soleil repentant se décide à faire ce qu'on appelle en style de théâtre sa *rentrée*, lorsque les arbres s'empanachent de feuilles, lorsque les buissons étalent des orgies de roses !

Tout cet épanouissement des derniers jours d'avril, c'est ce qu'on appelle dans le Midi une *fin de saison*.

Il faudrait une vertu surhumaine ou un prosaïsme de fer pour s'arracher brusquement à cet enchantement général de la nature. — Encore un jour! dit-on ; encore deux jours! encore trois jours! Et voilà comment les semaines s'ajoutent aux semaines.

Hier, par exemple, j'étais invité aux fêtes de Saint-Raphaël.

L'escadre de la Méditerranée, qui n'était pas venue aux régates de Cannes, s'était rendue aux régates de Saint-Raphaël.

Ce petit port adorablement situé sera célèbre demain — ou après-demain, au plus tard.

Il est déjà patronné par plusieurs notabilités de diverses sortes qui y ont planté leurs tentes : — par Alphonse Karr d'abord, qui veut faire pour Saint-Raphaël ce qu'il a fait pour Étretat; par le docteur Déclat, le spécialiste de l'acide phénique ; par Jules Barbier, le librettiste de plus de trente opéras-comiques; par le baron Papeleu, un peintre cosmopolite; par le ténor Habay, qui a pris très philosophiquement son parti de la fermeture du Théâtre-Lyrique.

Toutes ces personnes bien avisées se sont fait bâtir des habitations plus charmantes les unes que les autres.

Ajoutez à cela un maire plein d'entrain et jeune, M. Félix Martin, un ingénieur, un érudit, qui a juré de faire la fortune de Saint-Raphaël.

Les fêtes en question ont été fort pittoresques;

rien n'y manquait : concert, bals, farandoles, tambourins sous la direction du fameux *meste* Tisté Buisson, tout le piment local ajouté à l'élément artistique représenté par des virtuoses de Nice et de Marseille, par le violon de Carré, par le violoncelle de Seligmann, par les *Pupazzi* de Lemercier de Neuville.

Saint-Raphaël s'en souviendra longtemps.

C'est surtout entre Fréjus et Nice que le paysage donne une note suprême de magnificence.

Sur la route d'Antibes à Cannes, à un kilomètre environ de la colonne qui rappelle aux passants que Napoléon 1er a débarqué au golfe Juan et non ailleurs, en mars 1815, on aperçoit une délicieuse villa à moitié cachée par les arbres et les fleurs. Les mimosas de toutes sortes, les pins, les eucalyptus, les chamærops, les rosiers bordent les allées qui mènent à cette charmante habitation qui s'appelle le chalet des Bruyères et qui appartient à madame Juliette Lamber, veuve d'Edmond Adam.

Les habitants du pays considèrent le sympathique auteur de *Récits du golfe Juan* et de *Grecque* comme leur bonne fée; car jamais ils n'ont vu un malheureux ou un solliciteur s'adresser inutilement à elle. Je la trouve surveillant les opérations de Blanchet, son jardinier, transformé pour l'instant en « monsieur Roch » : c'est un eucalyptus égoïste qui a causé la mort de plusieurs jolies plantes, et qui va payer son crime de la vie.

Le jardin est splendide, il est évident qu'un artiste d'un goût exquis en a été le dessinateur. La maison fort élégante s'abrite sous des berceaux de bougainvilliers et de rosiers grimpants qui la protègent contre un soleil trop ardent; elle est construite sur une terrasse, qui semble suspendue au-dessus de la mer et de laquelle on jouit d'un panorama grandiose formé par la Méditerranée, les îles de Lérins, le cap d'Antibes et les Alpes, dont les neiges presque éternelles sont d'une blancheur éblouissante.

Dans sa villa comme dans son salon du boulevard Poissonnière, madame Adam reçoit tous les hommes importants de la politique et des arts. Elle console ceux de ses amis qui ne peuvent pas quitter Paris en leur envoyant de ses incomparables fleurs de Bruyères.

J'ai nommé les îles de Lérins. Une d'elles, comme nul n'en ignore, l'île Sainte-Marguerite, est célèbre par la détention, — compliquée de serrurerie, — qu'y subit le Masque de fer.

Elle est célèbre aussi par une autre détention plus récente, mais de celle-ci je ne parlerai pas.

NICE

I

Enfin me voilà à Nice.

Je n'ai rien à reprocher à cette ville, que de ressembler trop à une vaste hôtellerie.

Elle est toute en longueur, comme Bordeaux, qu'elle rappelle par l'arc de sa mer. Une mer d'une placidité exceptionnelle, molle, élégante, poussant discrètement vers le rivage une frange argentée; — une mer d'apparat, ennemie du vacarme et des folles démonstrations; la mer des gens de goût, enfin.

Du côté de la gare, une Nice nouvelle s'étend, encore dans le désordre et la poussière de sa construction. Cette ville sera sans caractère, on peut le prédire aisément. Elle aura la correction banale de notre boulevard Sébastopol. On pourra se croire encore à Paris, — ce qui, j'imagine, sera fort déplaisant pour les Parisiens, car généralement on ne se déplace pas pour aller chercher ce que l'on a chez soi.

Mais ce qui fait l'incontestable beauté de Nice, c'est sa campagne, ce sont les villas splendides qui y sont éparpillées.

II

LE VICOMTE VIGIER

Ce petit homme à l'air martial qui entre, en redressant sa taille, au Cercle de la Méditerranée, c'est le vicomte Vigier.

Il va présider le comité du carnaval.

Autour d'une table recouverte d'un tapis vert sont assis gravement une douzaine de personnages.

Ils vont discuter les intérêts des Polichinelles et se prononcer sur les destinées des Pierrettes.

LE VICOMTE VIGIER. — Messieurs, la séance est ouverte.

LE DUC DE RIVOLI. — Je demande la parole.

LE VICOMTE VIGIER. — La parole est à M. le duc de Rivoli.

LE DUC DE RIVOLI. — Messieurs, je propose de voter une somme de 2000 francs pour un char exclusivement composé de jolies femmes (*Marques d'assentiment.*) habillées toutes en bacchantes. Le costume est ingénieux, hein?

LE VICOMTE VIGIER. — Je ferai observer à notre honorable collègue que nos statuts nous interdisent d'inspirer le sujet et la composition des chars.

LE DUC DE RIVOLI. — C'est fâcheux.

M. CORDIER, statuaire. — Je demande la parole... à propos de *statuts*. (*Bienveillante hilarité.*) N'avez-vous pas remarqué, messieurs, que les nez en carton sont un rempart bien insuffisant contre les projectiles carnavalesques?

LE PRINCE STIRBEY. — En effet!

M. CORDIER. — Je propose à votre comité de les remplacer par des nez en agate... ou en toute autre matière précieuse... que je me charge de fournir aux prix les plus modérés. (*Étonnement.*)

LE VICOMTE VIGIER. — Une commission sera chargée d'étudier le projet de M. Cordier.

Le général X*** demande la parole.

LE VICOMTE VIGIER. — Parlez, général.

LE GÉNÉRAL X***. — Le mannequin de Carmentrant sera-t-il brûlé en place publique, comme les années précédentes?

LE VICOMTE VIGIER. — Assurément.

LE GÉNÉRAL X***. — Très bien. Je ferai retenir deux fenêtres à la préfecture.

La séance continue.

On ne peut nier que l'unique préoccupation de Nice ne soit le plaisir, le plaisir sous toutes ses formes, à toutes les heures, sans repos ni trêve.

Les femmes y sont comme entraînées dans une ronde de willis. Tous les jours des bals, des réceptions, des excursions, des matinées. C'est une existence terriblement surmenée et dont je ne voudrais pas pour un empire.

Quand ces infortunées trouvent-elles le temps de penser, de réfléchir? — je ne dis pas d'aimer,

La toilette! toujours la toilette!

C'est à se demander dans lequel de ses poèmes, *l'Enfer* ou *le Paradis*, Dante aurait placé *la femme qui s'habille perpétuellement.*

III

GUSTAVE NADAUD

Un des hôtes habituels de Nice est le chansonnier Gustave Nadaud, qui vient de se faire construire un pavillon dans la magnifique propriété des Palmiers, — à l'extrémité de la promenade des Anglais.

Gustave Nadaud a appelé son pavillon le *pavillon Pandore*, en souvenir de son fameux gendarme.

> Brigadier, répondit Pandore,
> Brigadier, vous avez raison.

Il y reçoit avec la chanson sur les lèvres, cela va sans dire. Olivier Basselin est devenu châtelain.

Seul, le dimanche est réservé à la clientèle populaire. C'est là qu'on peut étudier le type niçois.

Il y a quelques années, j'avais broché tant bien que mal quelques rimes sur Nice, qui se terminaient de la sorte :

> Écrit en février,
> En mangeant une orange,
> A l'ombre d'un palmier,
> Étrange! étrange! étrange!

Un jeune homme « de la ville » me pria de les lui laisser transcrire pour l'album de la comtesse de M***. Je l'y autorisai de grand cœur.

Mais le jeune homme était distrait, — peut-être était-il amoureux, — et il copia les vers ainsi :

> Écrit en février,
> A l'ombre d'une orange,
> En mangeant un palmier...
> Étrange! étrange! étrange!

Quelle drôle d'idée on a dû avoir de moi chez la comtesse!

IV

LE PRINCE DE MONACO

On sait que le prince de Monaco passe habituellement la saison d'été dans son château de Marchais, à quelque distance de Laon.

Marchais est une petite commune qui ne sort pas de l'ordinaire. On y remarque cependant, sous le porche de son église, une assez curieuse inscription constatant le décès d'une dame Anne de Fer dans un âge extrêmement avancé, et

> Qui a pu dire avant de mourir :
> Ma fille, dis à ta fille que
> La fille de sa fille pleure.

V

AU PAYS DES ORANGERS

A Nice, délaissant pour cette fois le chemin de fer, j'ai pris la route carrossable qui conduit à Monaco, tout le long de la mer. Route pour route et longueur pour longueur, je préfère l'ancienne route de la Corniche, qui se déroule si fièrement dans les nuages. On prétend qu'elle n'est pas exempte de dangers, c'est possible; mais combien ces dangers sont compensés par la majesté du paysage et la grandeur du point de vue!

Le temps est insolent de beauté. Les papillons blancs se trémoussent dans l'air bleu, comme au bout d'un fil de fer invisible. A ma gauche, des oliviers et encore des oliviers; puis aussi de jolies maisons tapissées de roses. A ma droite, le *gouffre amer*, ou plutôt l'éclatante Méditerranée, qui, tout embrasée par le soleil, semble une purée d'émeraudes. Le trajet dure près de deux heures.

Au bas du rocher de Monaco, je quitte ma voiture; j'en ai assez; je veux faire à pied le chemin qui me sépare de Monte-Carlo. — Quelle métamorphose dans ce quartier de la Condamine, qui n'était autrefois qu'une forêt de citronniers, et qui est maintenant une forêt de villas blanches et roses, de magasins, de cafés, voire de brasseries, à commencer par la brasserie Jambois, plus connue sous le nom de brasserie du *Crapaud volant*, depuis le *Rabagas* de Victorien Sardou!

Je salue en passant quelques villas amies : celle de Charles de la Rounat, l'ex-directeur de l'Odéon; celle d'A. Séguy, le directeur des annonces; celle de M. Jules de Lesseps, qui fut longtemps notre consul à Tunis.

La Condamine finit au ravin de Sainte-Dévote, un véritable décor de mélodrame, avec rochers escarpés, chapelle pittoresque, chèvres gardées par des bergers au manteau déchiqueté. Je n'ai que faire dans ce ravin, qui rappelle les primitives gravures sur bois de l'ancien *Musée des*

Familles, et j'entreprends de gravir la rampe de Monte-Carlo, cette rampe célèbre dans toute l'Europe, continuellement sillonnée d'équipages, comme le Monte-Pincio à Rome ou la chaussée de Sainte-Adresse au Havre.

La première maison, à gauche, porte cette inscription en lettres d'or gravées sur une plaque de marbre et un peu effacées par le temps : *Villa de la Colombe.* Elle a été longtemps l'habitation de M. Briguiboul, ex-directeur du Kursaal d'Ems et oncle du peintre connu. C'était alors le rendez-vous de tous les Parisiens de passage. Que d'agréables heures j'y ai vecues en compagnie de Batta, le violoncelliste; d'Albéric Second, d'Aurélien Scholl, de Siraudin, d'Adolphe Belot, de Paul Bocage, etc., etc. Méry y avait accepté une chambre un an avant sa mort. Eudore Soulié y était venu se reposer de ses *Recherches sur Molière.*

Plus tard, se trouvant à l'étroit, Briguiboul se fit construire une villa plus grande, située juste au-dessus de *la Colombe.* La tradition hospitalière s'y continua; il y avait bien quelques mètres de plus à grimper, mais le panorama était plus vaste et la châtelaine était toujours aussi avenante. Maintenant, les deux villas de Briguiboul sont louées à des étrangers. Briguiboul s'est lassé de cet admirable pâté d'anguilles de Monaco; il est allé demeurer à Nice, l'inconstant; il a troqué ses jardins suspendus, sa *petite Afrique*, sa balustrade inondée de soleil, ses collections de jacinthes, pour les trottoirs poudreux ou boueux de l'avenue de la Gare. Grand bien lui fasse! Briguiboul est actuellement locataire d'un premier étage dans une maison qui ressemble à toutes les maisons de l'avenue de la Gare. Lorsqu'il se met à la fenêtre, il a la satisfaction de voir les magasins de l'avenue de la Gare, qui sont de beaux magasins où l'on trouve de tout, depuis des Rembrandt authentiques jusqu'à des plumeaux à trente-neuf sous. Il peut aussi contempler le tramway de la place Masséna. Est-ce que ce Briguiboul ne sera pas puni un jour? Est-ce qu'il sent sa conscience bien tranquille, ce renégat de la Méditerranée.

Adieu donc à *la Colombe* et au colombier! Continuons à gravir la rampe de Monte-Carlo, où d'autres tristesses m'attendent. La plus grande, à coup sûr, est la transformation de la villa de madame Marie Blanc (vis-à-vis des bureaux du télégraphe) en un hôtel meublé. Un hôtel meublé, cette demeure princière! des chambres à boutons électriques, ces pièces si coquettement aménagées! des nids à mangeaille et à bains de siège! des *numéros* où les voyageurs sont avertis par une pancarte que *l'on ne répond que des valeurs déposées entre les mains du propriétaire!* Voilà ce qu'on a fait de la villa de cette femme aimable et charitable.

Au moins ai-je retrouvé sa mémoire toujours vivante. Il n'en pouvait pas être autrement dans ce pays dont elle a été l'âme et l'esprit.

Les dîners de la villa Blanc étaient renommés pour diverses causes. D'abord, ils réunissaient toujours des personnages remarquables dans tous les genres, en dehors des habitués et des intimes. J'y ai vu successivement : le docteur Hardy, le prince de Rohan, Feyen-Perrin, Riou, Maurice du Seigneur — et M. von Dervies, ce fastueux dilettante qui entretenait pour lui seul une troupe d'opéra de premier ordre dans son château de Valrose.

Les invités arrivaient ordinairement vers sept heures et étaient annoncés dans le salon du premier étage, où les yeux étaient tout de suite frappés par la toile connue d'Hamon : *Ma sœur n'y est pas!* Ceux qui étaient mieux au courant des habitudes de la maison n'arrivaient qu'à huit heures. D'autres enfin, les familiers ceux-là, venaient à huit heures et demie; ils savaient que madame Blanc et sa famille par conséquent ne se mettaient à table qu'à la dernière extrémité.

Comment aurait-elle pu dîner plus tôt, elle qui souvent, à trois heures de l'après-midi, n'avait pas encore trouvé le temps de déjeuner, harcelée qu'elle était par des visites de toute sorte, par des solliciteurs, par des marchands de toute chose, de bijoux, d'étoffes, de vases, de tableaux, de dentelles? L'excellente femme ne savait renvoyer personne, pas même ses amis. Elle disait à ses domestiques :

— Faites attendre M. A*** dans le petit salon... Mettez madame de B*** dans ma chambre... Dites bien à M. C*** de ne pas partir sans m'avoir parlé...

Et toutes les pièces se peuplaient. Il y avait des visiteurs sur les banquettes de tous les couloirs et jusque dans les cabinets de toilette. La plupart y demeuraient des heures entières; quelques-uns perdaient patience et s'en allaient; on en a vu qui avaient été oubliés, comme à la Bastille; d'autres qu'on retrouvait endormis après minuit. Et madame Blanc de se désoler. Elle ne se couchait jamais, d'ailleurs, avant deux heures du matin.

Cela explique pourquoi l'on dînait si tard à l'hôtel de Monte-Carlo, — comme dans les appartements de la rue de Rivoli, à Paris. Son apparition était une détente pour ses hôtes, dont les yeux hagards se fixaient sur la pendule, et le *Madame est servie!* était salué par un soupir général de soulagement. Elle prenait le bras du plus important d'entre eux, et l'on passait dans la salle à manger, décorée de deux belles marines de Ziem. Chaque couvert était accompagné d'un mignon bouquet de fleurs de la principauté et d'un menu toujours imprimé.

Les trois institutrices ou dames de compagnie avaient pris à l'avance leurs places respectives, ainsi que mademoiselle Marie, la fille cadette de madame Blanc, depuis princesse Bonaparte. Le nombre des convives était ordinairement limité à une douzaine. Inutile de dire que le service était de premier ordre.

Madame Blanc faisait les honneurs du repas avec une affabilité qui ne lui coûtait aucun effort; car c'était le fond même de son caractère. A part quelques distractions, résultat des préoccupations de la journée, elle conduisait la conversation avec beaucoup d'enjouement. Elle avait à côté d'elle une carafe de lait qui lui servait à calmer les ardeurs d'un sang dont elle commençait à souffrir.

Le dîner terminé, on retournait au salon, où

le chevalier Antoine de Kontsky occupait quelquefois le piano, à moins que ce ne fût M. Jules Cohen, avec discrétion toutefois; car on savait madame Blanc plus friande de causerie que de musique.

Un hôtel meublé! — Ce n'est pas à celui-là que j'irai descendre. J'aime à garder intacts mes souvenirs.

Tout près de là, et un peu en arrière, s'élève la villa Beaumarchais, bâtie pour M. de Villemessant, le plus extraordinaire *faiseur* du journalisme moderne. Elle est surmontée d'un buste de l'auteur du *Barbier de Séville*, très joliment drapé. Il y a une légende sur ce buste : on raconte qu'il est tombé un jour sous les yeux et aux pieds de Villemessant, qui, de nature superstitieuse, vit dans cet accident un funeste présage. Le fait est qu'il s'alita peu de temps après et qu'un érysipèle eut raison en quelques jours de cette vigoureuse organisation, entamée, il est vrai, depuis de longues années, par la goutte.

J'étais allé le voir à la nouvelle de sa prise de lit; c'était la première fois que je mettais les pieds à la villa Beaumarchais. Il parut reconnaissant de ma visite et, voulant me faire juger des progrès du mal, il se découvrit jusqu'au-dessous de l'estomac. Je frissonnai, mais, essayant de sourire, je lui dis : « C'est ce que M. Zola appelle des bonbons à liqueur. » Il s'égaya plus franchement que moi et ajouta : « Je retiendrai le mot pour le dire à ma femme. » J'ai raconté tout cela dans le temps.

La villa Beaumarchais et la villa Violette dépassées, on se trouve sur la place de Monte-Carlo.

Il semble qu'en prêtant l'oreille on entend le bruit des écus dans le Casino. Ce n'est qu'une illusion, mais elle est féconde, car le pas se hâte à franchir les degrés du temple de la fortune.

Là aussi, que de souvenirs ! — Mais l'espace se rétrécit sous ma plume. Une autre fois, peut-être, je raconterai l'histoire dont les joueurs sont en ce moment occupés, si tant est que les joueurs puissent s'occuper d'autre chose que du chiffre et de la couleur.

Elle sera intitulée : « Histoire de la femme qui a joué jusqu'à sa chemise. »

Nice, samedi 2 mars 1867.

... J'ai voulu assister au carnaval de Nice, — un spectacle comme un autre, et même plus rare qu'un autre ; car le carnaval de la rue a cessé d'exister dans nos grandes villes de France. Et je n'ose pas qualifier les piteuses exhibitions du boulevard parisien pendant les jours gras.

Le carnaval populaire s'est donc réfugié et comme fortifié au pied des Alpes salées, dans cette Nice que les Anglais aiment au point de s'y croire chez eux. Il s'y perpétue au soleil, — ce qui n'est pas possible à tous les peuples, — et sous l'influence de la tradition italienne.

Rien ne me l'annoncerait cependant aujourd'hui samedi, si, en passant par la rue Victor, à deux pas de la poste aux lettres, je ne venais de lire cet avis imprimé aux vitres du magasin d'un épicier :

MITRAILLE

Pour les derniers jours du carnaval.

» J'ai l'honneur de prévenir MM. les amateurs du carnaval que je tiens, comme par le passé, les petites boîtes de farine pour la promenade des jours gras, ainsi que tout ce qui a attrait (*sic*) à ce divertissement carnavalesque.

» En attendant vos ordres, je vous salue respectueusement,

» STEFANO FILIPPI. »

Je vois aussi sur les murs l'annonce d'une cavalcade, et sur une terrasse du Cours cet écriteau :

A LOUER

PLACES RÉSERVÉES POUR LA PROMENADE
DU DIMANCHE ET DU MARDI GRAS,
CINQ ET DIX FRANCS.

A la porte du théâtre Italien :

DEMAIN,
DEUXIÈME GRAND VEGLIONE
PARÉ ET MASQUÉ.

Si je vous entretenais de Nice, en attendant? — Est-ce bien la peine, direz-vous peut-être, et n'a-t-on pas tout écrit sur la ville aux orangers et aux flots bleus? Lorsque vous aurez, comme tout le monde (c'est toujours vous qui parlez), célébré la promenade des Anglais, le Jardin public, les palmiers du quai Masséna, la baie des Anges; lorsque vous aurez lancé votre épigramme indispensable au torrent Paillon, — croirez-vous, en bonne conscience, avoir abondé en révélations et en indiscrétions? Je vous passe encore la visite obligée à Alphonse Karr et la description de la villa de la baronne Vigier. Mais franchement, c'est tout.

Hum ! sévère, mais juste !

Rassurez-vous cependant : autant que vous, j'ai l'horreur de l'article prévu, — qui équivaut à la carte forcée, — et ce n'est pas de la Nice banale, de la Nice de tout le monde que je prétends vous entretenir. Je suis trop friand de découvertes pour cela. En voyage comme en critique, je vais aux choses cachées, à ce qui se dérobe, et à ce qu'on néglige, à ce que les *Guides* oublient ou mentionnent légèrement. Je laisse les touristes moutonniers se répandre dans les quartiers neufs, s'extasier au milieu des rues spacieuses, s'arrêter dans la contemplation des monuments modernes, — ces beaux et sages carrés de pierre blanche.

Je me contente, moi, du faubourg dédaigné, du marché lointain, de l'humble chapelle. J'ai des lunettes spéciales pour ces flâneries à la recherche du pittoresque. Tel édifice sculpté, tel porte ou tel balcon ouvragés, que je déniche dans un carrefour perdu, me causent des sensations de joie comparables à celles que j'éprouve en rencontrant un livre précieux à l'étalage poudreux d'un bouquiniste.

On comprend qu'il soit nécessaire quelquefois

de s'armer d'un certain courage et de surmonter des répugnances fort naturelles. Ces explorations-là ne peuvent s'effectuer en compagnie d'une sœur. Le pittoresque est trop souvent apparenté au laid et même au fétide. Dans ce cas, il faut savoir joindre à l'âpre curiosité de l'artiste la résignation d'un inspecteur de la salubrité publique.

J'ai vu l'ancienne Cité de Paris, j'ai vu le quartier des Irlandais à Londres, j'ai vu la rue des Juifs à Francfort, c'est-à-dire tout ce qui est vieux, sombre, étroit, sinistre. Tout cela est dépassé par la vieille Nice, — celle qui est comprise entre la Préfecture et la place Napoléon. Là, les rues se croisent, s'entrelacent, se brouillent, se rejoignent, resserrées à de certains endroits au point de ne pas laisser passer trois personnes de front. Que dis-je? il y en a qui sont de simples fentes, bordées de maisons plus hautes que les plus hautes maisons de Paris. — L'intention des constructeurs est évidemment d'avoir voulu se garantir des vents de la mer; en cela, ils ont complètement réussi; ils possèdent ces deux avantages inestimables : fraîcheur en été, chaleur en hiver. Mais à quel prix, hélas ! Si leur intention saute aux yeux, elle saute également au nez. Les professions les plus odorantes se sont donné rendez-vous dans ces boutiques condamnées aux ténèbres à perpétuité. On y respire à la fois la morue sèche, les chaussures, la cassonade, l'huile, le fromage, l'ail, la pâtisserie indigène. Aux fenêtres, mille guenilles pendent avec ostentation, comme autant de drapeaux déchiquetés par les balles.

Mais que vous dirai-je? Tout cela est racheté par des détails d'architecture d'une valeur réelle. Quelques-unes de ces maisons sont des palais, — tel que celui des Lascaris, dont les escaliers de marbre sont ornés de statues, et dont les plafonds gardent les traces de riches peintures. Près de là, au coin de la rue Droite et de la rue du Collet, voici le pur style arabe. Et puis partout, rue Pairolière, rue de la Boucherie, rue aux Herbes, ce sont des grilles tordues, rebroussées, comme on ne sait plus en faire. — Nous sommes en plein Decamps. — Au-dessus d'un assez grand nombre de portes, je distingue, assujettie à la muraille par deux petits cercles de fer, une carafe pleine d'un breuvage blond, qui n'est autre que du vin d'Asti. C'est l'enseigne des cabarets de Nice.

Même quand ces ruelles ne sont que des égouts, même quand ces maisons ne sont que des bouges, elles ont encore leur histoire, leurs souvenirs. Il y a près d'un siècle que le président Dupaty écrivait : « On m'a mené dans la rue la plus obscure, on m'a fait entrer dans la maison la plus pauvre, on m'a fait monter cinq étages; enfin, j'ai trouvé un petit homme assez mal vêtu : c'était le premier président du Sénat de Nice. »

Pour qui a vu à Bordeaux le magnifique hôtel que Dupaty habitait, rue du Loup, la comparaison paraîtra singulière, en effet.

J'ignore si les notabilités actuelles ont toujours leur domicile dans ce vieux berceau de Nice; j'en doute, cependant. La population nombreuse qui s'y agite me semble appartenir exclusivement à la classe artisane. D'ailleurs, aucune particularité de costume. Les hommes du port sont coiffés de ce traditionnel bonnet de laine rouge, carré, haut, et dont une moitié retombe sur le côté. Ce que les jeunes filles ont de plus remarquable, ce sont leurs cheveux et leurs yeux; — c'en est assez pour sauvegarder la dignité plastique d'un peuple.

Dimanche, 3 mars.

Eh bien, je viens de le voir, le carnaval niçois. J'ai dû rabattre un peu de mon illusion, comme cela m'arrive souvent.

D'abord ce carnaval est concentré dans une

seule partie de la ville, sur le Cours proprement dit, qui est la promenade intérieure. Ce n'est que vers deux ou trois heures que la foule commence à se former, composée de ces trois éléments : les curieux, les gamins et les masques, — ces derniers en minime quantité et en sordide qualité. Les curieux sont bien vite effarouchés par les projectiles dont ils sont assaillis de tous les côtés, sans ménagements de sexe ni de rang, d'âge ni de costume. J'ai l'explication des petits sacs de farine du sieur Stefano Filippi, car j'en reçois un en pleine poitrine qui, s'aplatissant et crevant, me transforme en meunier.

Il est suivi d'un œuf de plâtre qui me bombarde par derrière. Les fenêtres s'en mêlent, et je me sens atteint d'une averse de pois chiches.

Je me réfugie sur la terrasse dont j'ai parlé, — la terrasse Visconti, — qui est occupée par plusieurs dames, la figure couverte d'un léger masque en fil de fer. Ainsi protégées, elles ne dédaignent pas de se mêler à la bataille; de leurs mains gantées, elles puisent dans de larges poches placées à côté d'elles, — et vlan! et vlan! La foule riposte d'en bas. Vues à distance, ces fusées de farine qui sillonnent rapidement l'espace et éclatent en pluie blanche, sont d'un effet bizarre.

Pendant ce temps-là, la musique du régiment exécute les airs de son répertoire. D'inoffensifs gendarmes parcourent la foule à pas lents et en souriant: leur consigne est de ne rien voir, de tout tolérer. Ils ne sont pas épargnés par la farine et les haricots. Autrefois, ces haricots étaient des dragées, des bouquets. Tout dégénère; tout s'enfonce dans la platitude.

VI

DEUX INCENDIES A NICE

Le hasard a voulu que je me trouvasse à Nice, à deux époques, lors de deux effroyables incendies.

Le premier, qui remonte à plusieurs années, était l'incendie de l'hospice de Saint-Pons, — asile d'aliénés, situé dans la montagne.

Le second est celui de l'incendie du théâtre Italien, situé près de la mer.

Ces deux catastrophes se valent pour l'horreur et le grandiose. Il s'agit, dans l'une comme dans l'autre, d'une foule étouffée et brûlée dans un lieu aux issues difficiles. La première l'emporte peut-être sur la seconde par le pittoresque dans l'atroce. L'incendie de l'asile Saint-Pons s'attaquait à une suite de bâtiments considérables et à une population exceptionnelle : — tous fous, hommes et femmes. Jamais l'imagination délirante de Goya pas plus que celle du marquis de Sade n'avait rêvé de scènes plus monstrueuses, de tableaux plus terrifiants.

Aux barreaux de fer des fenêtres se collaient des faces hagardes, se cramponnaient des mains crispées. Des cris qui n'avaient plus rien d'humain jetaient leur immense épouvante dans une nuit noire, dans une campagne sombre. Le sauvetage de ces malheureux fut très difficilement effectué par une escouade insuffisante de vigoureux moines, qui durent souvent employer la force pour les arracher aux flammes qui les environnaient. — Sauver des fous malgré eux, se rend-on compte de cette situation ?

Là aussi, il y eut bien des cadavres retrouvés le lendemain, carbonisés et tordus.

Théodore Pelloquet, le célèbre bohème, qui repose dans le cimetière de Saint-Pons, y dut dormir, cette nuit-là, d'un sommeil rouge.

A quelques années de distance, les mêmes scènes de désolation se sont reproduites dans l'incendie du théâtre Italien ou théâtre Municipal. Mais ici le feu n'avait affaire qu'à une baraque; il n'en a fait qu'une bouchée. En peu d'instants, il a dévoré scène et décors, salle et spectateurs. La clameur était inouïe, le désordre était inimaginable.

Du côté de la façade donnant sur la rue Saint-François-de-Paule, le spectacle était celui que représentent uniformément tous les incendies de théâtres. Gens affolés se précipitant par les portes, d'autres essayant de descendre par les croisées, échelles appliquées aux murs, etc., etc. Cela se passait ainsi à l'incendie de l'Opéra de la rue Le Peletier et à celui du théâtre de Rouen.

Du côté de la mer, le spectacle était plus nouveau, par la raison que les flammes se reflétaient dans la Méditerranée et donnaient l'idée d'un Vésuve qui se serait tout à coup éveillé.

Nice ne s'est pas couchée cette nuit-là. Même après que le théâtre eut été consumé et que de ses débris ne s'échappaient plus qu'un grésillement confus, des groupes nombreux n'ont pas cessé de se succéder et de veiller dans la stupeur de ce désastre.

Au lendemain, dès le petit jour, Nice venait demander et compter ses morts. On les avait mis en tas. Vous devinez s'il y a eu là des reconnaissances déchirantes.

Mais je vous raconte ce que vous savez déjà.

Je ne veux insister que sur l'impression d'accablement qui règne dans la ville. Celui qui n'a vu Nice qu'en fête, les fleurs et les perles au front, ne pourrait jamais se figurer ce que c'est que Nice en deuil, voilée, muette, morne.

Tous les salons sont fermés, il s'en faut de peu que les magasins ne le soient aussi.

On dirait que la vie s'est interrompue.

A un moment donné, une cruelle alerte m'était ménagée; on avait cru reconnaître parmi les victimes mon cher ami et confrère Alfred Asseline. Tout semblait donner créance à ce bruit funeste : on jouait ce soir-là *Lucia di Lammermoor*, que sa fille, mademoiselle Alice Rabany, avait interprété avec grand succès quelques semaines auparavant et dont le rôle devait être chanté par madame Donadio. — Il était tout naturel que la jeune fille fût désireuse de voir sa rivale et se trouvât au théâtre Italien mercredi; elle y était en effet, accompagnée de sa mère et de sa sœur. Mais elles purent sortir dès les premières alarmes.

Quant à Alfred Asseline, il a été sauvegardé par cet amour très modéré du théâtre, qu'il partage avec moi, et qui l'empêche généralement de se montrer dans les salles de spectacle avant neuf heures et demie, ou même dix heures. Il est de ces dilettanti qui hésitent entre la dégustation d'une cavatine et l'incinération d'un cigare. Cette hésitation l'a sauvé cette fois-ci, et l'événement est de nature à le faire hésiter plusieurs fois encore, je le crains.

L'avant-veille du sinistre, c'était représentation de gala au théâtre du Cercle de la Méditerranée ; on donnait le *Lohengrin*, avec l'orchestre de Monte-Carlo et la vicomtesse Vigier pour principale interprète.

Ici, nous nous trouvions en pleine gaieté et en pleine magnificence.

Gaieté, dans le meilleur sens du mot. *Lohengrin* a fait ouvrir de grands yeux et de grandes oreilles à un public cosmopolite. Je ne jurerais pas qu'il l'ait absolument charmé. Malgré l'adaptation italienne, on n'a obtenu qu'une sensation d'étonnement. Des phrases d'une fraîcheur inouïe ont été applaudies avec transport ; — mais d'autres...

Elles pouvaient être entendues du Vieux-Château, cependant.

Le grand succès a été pour l'orchestre du casino de Monte-Carlo, à qui il a suffi de deux répétitions pour enlever cette formidable redoute.

La représentation avait lieu, comme je l'ai dit, au bénéfice des pauvres de Nice. La charité fait passer bien des choses. Elle a bon dos, la charité.

Entre le deuxième et le troisième acte de *Lohengrin*, au foyer, Gustave Nadaud s'est jeté dans mes bras.

— Ah! mon ami, je suis bien heureux! s'est-il écrié.

— Comment! vous aimez la musique de Wagner autant que cela? lui ai-je dit, étonné.

— Non, vous ne me comprenez pas... Je suis heureux de ce qui se passe à Roubaix aujourd'hui même.

— A Roubaix?

— Ma ville natale... Oui, mon cher confrère; on y inaugure mon portrait, mon propre portrait dans la salle du Musée.

— Je vous en félicite, mon cher Nadaud.

— Merci... merci... Qui s'y serait attendu?.. De mon vivant... un simple chansonnier comme moi...

Survinrent Vivier et Séligmann.

— Tu as l'œil ému, dit Séligmann à Nadaud.

— Ton bedon semble en proie à une molle agitation, observa Vivier.

Gustave Nadaud les mit au courant et recommença ses exclamations.

— Quel honneur !... un simple chansonnier comme moi...

— D'abord, tu n'es pas aussi simple que cela, dit Séligmann ; tu es très varié et très compliqué.

— Vous trouvez, mes chers amis ?

— Assurément, certifia Vivier.

— Alors, la ville de Roubaix...

— A eu parfaitement raison de t'élever une statue...

— Non, un portrait, dit Nadaud.

— C'est la même chose.

Et, de fait, Roubaix s'est très bien comporté, pour une ville de négoce et de manufacture.

Sans être un poète de haut vol, l'auteur de la *Lettre de l'Étudiant à l'Étudiante* est un littérateur aimable. Il a le sourire facile, et les hommes de sourire sont assez rares pour que l'on consacre leurs traits par la peinture, lorsque l'occasion s'en présente.

MONACO

Voilà quatorze ans que je viens régulièrement chaque année à Monaco. La première fois, j'y suis venu par mer, la seconde fois par terre, et la troisième fois presque dans les airs, et à coup sûr dans les nuages, puisque j'avais pris par la route de la Corniche. Il n'y a pas de raison pour que je retourne indéfiniment à Monaco.

On a, je crois, autant écrit sur Monaco que sur la mer et sur l'amour, les deux sujets qui ont le plus inspiré les poètes lyriques.

Les débutants, accablés par l'éblouissement, ont tout d'abord qualifié Monaco « d'*Éden* ». Le pont aux ânes!

Les survenants ont poussé jusqu'à « *Un rêve des* Mille et une Nuits ». Image prévue!

Il en est arrivé d'autres qui, leur tapant sur

l'épaule ont dit : « Il faudrait trouver mieux; cela commence à être usé! » Mais eux-mêmes n'ont rien imaginé en dehors des adjectifs exorbitants, lumineux et féeriques.

Rien de plus limité que le vocabulaire de l'admiration.

M. Blanc, lassé des *Éden* et des *Mille et une Nuits*, mit un jour au concours une formule nouvelle sur Monaco.

Après mille efforts, Méry trouva : *la Baignoire du soleil!*

La Baignoire du soleil! c'est bien cela; on peut en rester là.

. . . .

C'est surtout à l'heure de la musique, toujours dirigée par M. Roméo Accursi, qu'on peut prendre un tableau de la clientèle actuelle de Monte-Carlo. Recrutée en partie parmi les touristes d'Allemagne, elle offre un échantillon complet de toutes les races de ce pays. Hoffmann retrouverait là les innombrables créations de ses *Contes*, moins fantastiques qu'il ne les a baptisés : conseillers pleins d'importance et de rotondité, majestueuses douairières suivies de leurs petits; géants blonds et « pots à tabac »; jeunes filles aux yeux bleu de faïence. Toute cette colonie se pâme et dodeline de la tête aux valses de Fahrbach.

Elle goûte moins les représentations dramatiques, qui, d'ailleurs, ne se sont composées jusqu'à présent que de vaudevilles et de minces opérettes.

Par contre, le jeu la fascine, l'attire ; mais la colonie allemande a la passion prudente. De là de médiocres engagements. Il y a eu pourtant quelques belles parties au trente-et-quarante, mais c'était entre Français.

J'ai été heureux d'applaudir, au théâtre de Monte-Carlo, un grand artiste que l'envie et la rivalité tiennent trop à l'écart à Paris, — je veux parler du célèbre Hamburger.

La distance, l'éloignement, le déplacement remettent souvent certaines individualités à leur véritable plan. Hamburger est de ce nombre. Aux Variétés, Hamburger est effacé, discuté ; à Monaco, il rayonne, il resplendit. Aux Variétés, Hamburger n'a que de petits bouts de rôle à jouer ; à Monaco, il tient la scène, il mène les pièces, il est le maître. On imprime son nom sur l'affiche en lettres de six pieds. Il récite des monologues, absolument comme Mounet-Sully et Coquelin aîné ; il ne doute de rien ; on le rappelle comme Faure et comme Maurel, et il revient en saluant à droite et à gauche, et, rentré dans la coulisse, il s'écrie en s'essuyant le front :

— C'est éreintant, ce métier-là!

Entre-temps, Hamburger « taquine la rouge » avec plus de constance que de succès.

Il épanchait hier ses doléances dans le sein d'un camarade.

— Elle a passé douze fois de suite! s'écriait-il sur toutes les notes du désespoir.

— Quoi?

— Quoi!... Quoi!... la noire, parbleu! Tu n'es donc pas à la conversation?

— Si fait, répondit l'ami; ma question te le prouve... Ah! la noire a passé douze fois de suite?... Eh bien, qu'est-ce que cela te fait?

— Comment! ce que cela me fait?... Puisque j'étais à rouge... Tu ne comprends pas, triple Liégeois?

— Si, si... C'est bien fâcheux.

— Bien fâcheux! exclama Hamburger; bien fâcheux!... Voilà tout ce que mon malheur t'inspire!... Tu dis: « Bien fâcheux, » comme tu dirais: « Combien valent les poires? » Oh! l'humanité!

— Ah çà! que veux-tu que je te dise, moi? réplique l'ami; il fallait changer de couleur.

Hamburger, en attachant sur lui un regard navré:

— Si tu crois *que je n'ai pas changé de couleur!*

Un comble, pour terminer :

Le comble de l'impertinence : — Envoyer de Paris des bouquets à Nice.

C'est pourtant le cas d'un gentilhomme du boulevard dont la *mie* vient de partir pour les bords fleuris que *pourrait* arroser le Paillon. Ne voulant pas renoncer à son habitude de lui faire tenir chaque matin des fleurs à son petit lever, il continue à les lui adresser régulièrement du passage de l'Opéra.

Eh bien, je ne trouve pas cela si singulier qu'on pourrait le croire ; j'y vois un sentiment chevaleresque et national, celui d'un homme qui aime son pays au point de le croire le premier par ses femmes et par ses fleurs...

. . . .

La jolie ville de Monaco a, de tout temps, fait parler d'elle. On peut dire qu'elle fait plus de bruit qu'elle n'est grosse. En provençal du xvie siècle, on prononçait *Monègue* ou *Mounègue*.

Le Pagamin de Monègue dont il est question dans le *Calendrier des vieillards* de Boccace (et de La Fontaine), le galant corsaire qui enleva la femme du juge Richard de Quinzica, n'était autre qu'un duc de Monaco.

En 1630, les ducs de Monaco levaient un tribut sur les navires qui passaient à une certaine distance de leur port. Bouchard, dans son *Voyage de Paris à Rome*, consigne ce fait et ajoute les lignes suivantes : « Comme l'on fut vis-à-vis de Monaco, il s'éleva un si grand calme que le vaisseau demeura quasi immobile tout le jour; ce qui faisait enrager le maître de chambre du cardinal Bagni pour la peur qu'il avait qu'on ne lui confisquât ses hardes. »

Monaco continue toujours à lever un tribut sur les voyageurs, mais c'est plus particulièrement en terre ferme qu'il s'exerce.

. . . .

J'apprends avec infiniment de tristesse la mort d'un homme qui fut des plus intelligents et des plus aimables, M. Jomard, fils du membre de l'Institut, que l'on désignait particulièrement sous le nom de *Jomard de l'expédition d'Égypte*.

M. Jomard s'est éteint à Monaco, où il habitait depuis une vingtaine d'années. Il s'y était arrêté en revenant de Californie, où il avait amassé une petite fortune, et, séduit par la beauté du pays, presque alors encore vierge, il s'était proposé d'y passer quelques semaines. — Il n'en est plus sorti.

Lorsque, peu de temps après, M. François Blanc aborda à son tour, comme un autre Cristoforo Colombo, sur ses rives quasi désertes, le premier naturel qui s'offrit à ses yeux fut M. Jomard, — qui, le chapeau de paille en tête et la canne de palmier à la main, s'en allait risquer un petit écu dans un vague établissement de roulette situé à cette époque primitive sur les remparts du vieux Monaco.

M. Blanc eut pitié de cet inconnu : il lui fit construire un casino plus confortable sur le cap des Spelugues, à quelques mètres de là. Cette gracieuseté lui coûta même une dizaine de millions, mais il ne croyait pouvoir assez faire pour M. Jomard. Celui-ci se montra d'ailleurs parfaitement reconnaissant : il ne bougea plus de Monaco.

Pourquoi en aurait-il bougé, en effet ? C'était un joueur et une nature de poète. Il gagnait de temps en temps, et il perdait assez pour être constamment tenu en haleine. Il se trouvait dans le plus beau pays du monde, selon Théodore de Banville :

> Dans ce paradis où l'orange,
> Cause avec la pomme de pin,
> Gracieux pays que l'on range
> Dans une boîte de sapin ;
>
> Auprès de cette mer en fête,
> Amoureuse du seul zéphir,
> Qu'un Jannisset bizarre a faite
> Avec un morceau de saphir.

Beaucoup d'habitués de Monaco se souviendront de M. Jomard, de ce doux et spirituel philosophe dont la conversation était des plus attrayantes....

LA SEMAINE SAINTE A MONACO

Ce n'est pas tout à fait la même chose que la semaine sainte à Rome. Il y a même des différences notables. On ne vient pas précisément à Monaco pour y faire ses dévotions, et pourtant ce ne sont pas les églises qui manquent. Il y a d'abord l'ancienne cathédrale, puis l'église des Pénitents noirs, les chapelles de l'Hôtel-Dieu, du couvent des Dames-de-Saint-Maur, du Palais. Il y a, à la Condamine, la chapelle de Sainte-Dévote, et, aux Moulins, celle de l'Annonciade. Autant de refuges où l'on prie pour les pauvres pécheurs qui brûlent leur existence par les deux bouts à Monte-Carlo !

La procession du vendredi saint, à Monaco, n'est plus ce qu'elle était autrefois; elle a considérablement perdu de sa couleur pittoresque et de sa truculence, qui attiraient chaque année un assez grand nombre de curieux. C'était une parade catholique, une mise en scène burlesque et violente de la Passion, avec des Christs à moitié ivres, des Hérodes trébuchants, des Magdeleines échevelées, des Marthes fardées, des Caïphes de carnaval, des Ponce-Pilates ayant les mains lavées, des Judas Iscariotes que l'on criblait d'invectives; — tout un cortège titubant, psalmodiant, éhonté, — mais sans impiété, — et traversant une foule sinon recueillie, du moins convaincue.

Il a fallu bien des efforts pour abolir cette mascarade, qui avait force de tradition chez les habitants de Monaco. La procession existe toujours, mais ramenée à des proportions moins théâtrales. Il n'en reste que juste ce qu'il faut pour donner satisfaction aux imaginations locales. C'est suffisant pour les artistes. De longues files de congréganistes, des châsses et des statues de saint portées à bras, une multitude de bannières de toutes les couleurs, les indispensables pénitents, les musiciens de la fanfare de Monaco : — voilà ce qu'on trouve encore le vendredi saint remplissant et sillonnant les trois rues de Lorraine, des Briques et du Milieu, au pavé jonché de fleurs.

Le soir venu, cette procession emprunte une poésie vraiment fantastique au jeu des cierges s'avançant ou s'éloignant dans ces rues étroites et obscures, au balancement des lanternes, à ces bruits d'instruments et de voix qui augmentent ou décroissent tour à tour. Il y a un an, je l'ai suivie pendant une heure, très remué, désespérant de rendre les impressions qu'elle me causait...

. . . .

Mon premier voyage d'exploration à Monaco date de 1868. Le chemin de fer n'y aboutissait pas encore. On avait deux moyens pour s'y rendre : la diligence par la Corniche, et le bateau à vapeur par la Méditerranée.

Il ne fallait pas songer à la diligence, vestige hideux des temps de barbarie, tombereau informe, disloqué, ridicule, féroce.

Restait le bateau à vapeur, ou plutôt les bateaux à vapeur; car il y en avait deux, petits, effilés, fendant les flots avec la gaieté des marsouins. C'était le moyen de transport le plus généralement adopté. Le trajet durait peu de temps, mais il était rare qu'il ne fût pas marqué par quelques divertissants épisodes. La Méditerranée n'est pas tous les jours, quoi qu'on en dise, d'une humeur facile, et l'on *dansait* quelquefois, l'on dansait! Déjà, comme aujourd'hui, les filles d'Ève étaient en majorité, c'étaient des cris mêlés à des éclats de rire, des effrois, des pieds glissant, des mains se cramponnant au premier paletot rencontré; — un diminutif des grandes traversées.

On arrivait souvent à la nuit; le débarquement s'opérait dans l'anse de la Condamine, quelques mètres en avant de l'établissement des bains de mer. Les voitures attendaient, — et c'était immédiatement une envolée vers Monte-Carlo. Un Monte-Carlo primitif, naissant, n'ayant encore coûté que quelques millions, mais promettant déjà ce qu'il a tenu.

Depuis cette date je suis revenu souvent à Monte-Carlo; j'en ai suivi les embellissements successifs; j'ai assisté à cette progression de merveilles qui devaient aboutir au prodigieux ensemble qu'on admire aujourd'hui. Je croyais, l'année dernière, que le dernier mot avait été dit avec la création du théâtre et le remaniement du Casino. Je comptais sans les agrandissements des jardins, qui se répandent actuellement de tous les côtés.

Foule énorme; la saison n'est pas près de finir, elle enjambera certainement par-dessus le mois d'avril. Les voyageurs timorés, ceux qui ont à compter avec le monde et qui cherchent à s'excuser d'être vus ici pendant la semaine sainte, prétendent qu'ils n'y sont venus que pour la quinzaine de Pâques. Il y a des accommodements avec le trente-et-quarante.

Pourquoi faut-il que j'aie appris une triste nouvelle à mon arrivée ?

Madame la comtesse de Vedel, qui avait, depuis de longues années, le premier salon de Monaco, vient de mourir dans des conditions affreuses et malheureusement trop communes. Elle était au coin de sa cheminée : le feu s'est communiqué à ses vêtements. Quelques heures après, elle expirait, moitié de saisissement, moitié de souffrances réelles.

J'avais l'honneur de la connaître, et ce n'était pas précisément d'hier. On m'avait présenté à elle, à Paris, alors qu'elle habitait pendant l'été le faubourg Poissonnière. Nous étions voisins. C'était une femme absolument aimable et d'une grande vivacité d'esprit, au visage charmant et bon, à l'expression toujours riante, à la parole enjouée, avec une de ces maturités pour lesquelles a été créé le mot de *seyante*. Sa taille était moyenne et ramassée ; l'embonpoint l'avait envahie dans ces dernières années et avait fini par la rendre casanière.

J'ai dit que la comtesse de Vedel avait un salon ; ce salon a longtemps réuni dans la vieille ville tout ce que la principauté de Monaco comptait de gens sérieux, recrutés surtout parmi les personnages officiels. N'y était pas admis qui voulait. On s'y livrait à des whists interminables. En cherchant dans quelques romans de Balzac, on y trouverait de ces intérieurs reposés, dans le *Cabinet des antiques* entre autres.

Par son tact exquis, par sa grâce naturelle, madame de Vedel avait conquis petit à petit une certaine influence. Au dehors, cette phrase se répétait souvent : « Qu'en dit-on dans le salon de la comtesse ? » De là partaient et se formaient certains courants de l'opinion monégasque. Ce milieu ne sera pas remplacé de sitôt. On regrettera plus d'une fois l'excellente femme qui répandait autour d'elle comme un parfum de l'agréable société d'autrefois.

Voici quelques-unes des physionomies que j'aperçois et que je salue en entrant dans la salle du Casino : — Séligmann, Osiris, mademoiselle Marie Deschamps (organiste), Denetier, le baron Jules de Lesseps, Juvisy, Levilly, madame Judic et mademoiselle Alice Rabany, cantatrice de dix-huit ans et petite-cousine de Victor Hugo.

Cette jeune fille, dont le succès a été très grand à Monte-Carlo et à Nice, chante surtout dans les opéras *empruntés* au répertoire de son illustre parent : *Ernani*, *Rigoletto*, etc. Cette préférence se comprend. L'autre soir, un joli vieillard, désireux de lui faire un compliment, lui a dit :

— Mademoiselle, j'ai eu l'honneur de voir mademoiselle Mars dans le rôle de doña Sol... Eh bien, je suis heureux de vous le dire, vous lui êtes infiniment supérieure.

De Monte-Carlo, 4 mars.

J'ai l'amour de tout ce qui est petit. Je devais donc aimer Monaco, qui est la formule la plus lilliputienne des royaumes connus. Il ne suffit pas en effet d'être grand pour être renommé. Cythère, dans l'histoire des mœurs, tient autant de place que Persépolis. Et la Corse donc ? Quoi de plus restreint ? Et cependant Jean-Jacques Rousseau écrivait : « Quelque chose me dit que cette petite île fera un jour parler d'elle. »

Bien avant la Corse, la principauté de Monaco a fait parler d'elle aussi. L'orgueilleuse qu'elle est se donne volontiers Hercule pour fondateur ; on peut choisir plus mal ses aïeux. Et comme elle s'agite dès sa naissance ! comme elle tient à ce qu'on l'aperçoive ! Depuis les drames du temps des Doria qui ensanglantèrent les marches de son palais, jusqu'à l'hospitalité fastueuse qu'y reçut Charles-Quint, il n'est question que de Monaco. A la cour de Louis XIV, ce sont les princes de Monaco et Valentinois, et surtout les princesses de Monaco qui sont les plus en vue. Mounègue était alors le nom de Monaco, qui se prononce encore aujourd'hui de la sorte dans le peuple. On crie : *Mounègue !* à la station du chemin de fer.

Et, comme ce n'était pas assez, une monnaie et un air de danse sont venues mettre le comble à la popularité de Monaco, et ont plus fait pour sa célébrité que le souvenir d'Hercule.

Dans la seconde moitié de ce siècle, Monte-Carlo a partagé un peu du renom de Monaco, je ne dirai pas à la suite de quels événements, c'est chose connue. Tout le monde s'en est bien trouvé : la France et l'étranger y ont gagné une oasis merveilleuse, où, chaque hiver régulièrement afflue la foule des gens de plaisir, assez nombreux pour constituer une nation parmi les nations.

Il n'y a rien de changé à Monte-Carlo cette année, il n'y a qu'un boulevardier de plus, — comme aurait dit le roi Louis XVIII. Ma chronique s'y trouvera donc aussi à l'aise qu'à Paris. Sur la terrasse qui embrasse la mer, je coudoie tous ceux et toutes celles que j'ai accoutumé de coudoyer sur le boulevard des Capucines.

Cette terrasse est une des choses les plus admirables de l'univers. Le regard s'y prolonge sur une plaine azurée et diamantée jusqu'à la pointe blanche de Bordighera. A droite, l'horizon est arrêté par le rocher-promontoire de Monaco; à gauche, le joli village des Moulins s'annonce par cette enseigne gigantesque : *Villa Ravel*. Derrière moi, j'ai dans le dos le théâtre bâti par M. Charles Garnier, — nougat et vanille.

Ah ! ce théâtre, j'en ai rêvé souvent ! Des lyres, des pincettes, des ailes éployées, des fresques, des masques, des campaniles superposés ; et puis encore des lyres, des lyres, des lyres...

Sur un des côtés est un groupe signé Sarah Bernhardt, qui, ce me semble, se fait un peu oublier comme sculpteur.

Le théâtre touche à la maison de Conversation, *vulgo* Cercle des Étrangers, encore *vulgo* Kursaal, qui est également de plusieurs architectures, mais avec quelque chose de plus sérieux, qui sent la banque, la Bourse, le comptoir, l'administration.

Et, devant ce monument qui, involontairement, m'impose, voici tout à coup le dialogue qui s'établit entre les deux Moi dont je suis composé :

— Jouerai-je ? ne jouerai-je pas ?

— Te moques-tu ?

— Non, je parle sérieusement. Il serait beau

de ne pas jouer, de remporter cette victoire sur moi-même.

— Ne fais donc pas des manières ! Tu sais bien pourquoi tu es venu ici.

— Oui, mais je voudrais lutter.

— Folie ! L'homme ne goûte de véritable bonheur qu'à être l'esclave de ses passions.

— Sophiste !

— Hypocrite !

— Pourquoi ne me contenterais-je pas de jouir du spectacle magnifique qui m'environne, des prodiges réalisés sur ce coin de terre par la nature et l'art ?

— Ta ta ta ! En jouirais-tu moins, de ce magnifique spectacle, lorsque tu jouerais un peu ?

— Hélas ! mon pauvre autre Moi, tu n'ignores pas qu'il n'y a pas deux manières de jouer : on joue ou on ne joue pas du tout.

— J'ai connu des joueurs prudents.

— Pendant une demi-heure.

— Alors pourquoi toutes ces hésitations ?

— Pour me mettre en repos avec ma conscience et m'assurer que je succombe en toute connaissance de cause. C'est un ragoût de plus dans la faute.

— Sybarite !

— Allons, en avant, mes chères pistoles !

— Est-ce bien décidé ? Une... deux...
— Et trois !

L'aspect des salles de jeu de Monte-Carlo est toujours le même, à cette nuance près que plus on va, plus les joueurs affectent une impassibilité de bon goût. On ne se déchire plus la poitrine sous la chemise.

Les fétiches, eux aussi, commencent à passer de mode. Où est le temps où Siraudin apportait un pied de mouton véritable avec lequel il caressait sa mise à chaque coup; où Jules de Lesseps proférait à haute voix des paroles magiques apprises sous la tente arabe; où Charles Brainne tirait des sons éplorés d'une trompette de bois; où Méry allait donner une tape dans le dos du chef de partie; où Alfred Asseline confectionnait des cocottes en papier qu'il distribuait à ses voisines? En ce temps-là, le grand salon de Monte-Carlo ressemblait passablement à un caravansérail de fous.

Il ne faudrait pas croire cependant que tous les joueurs aient renoncé absolument à leurs manies et à leurs tics. Si la bizarrerie tendait à disparaître, on la retrouverait dans le monde de la roulette. Pourquoi, par exemple, certains numéros sont-ils frappés de discrédit, tandis que d'autres sont l'objet d'une faveur générale? Pourquoi le 1 est-il si constamment dédaigné, et pourquoi toutes les sympathies volent-elles au 17? En vérité, ce 17 ne compte pas un seul ennemi!

— Il n'y a que les sixains! dit une voix à côté de moi.

— Je n'ai de confiance qu'aux transversales! dit une autre.

Et une petite dame, qui n'appartient pas aux transversales, se déclasse pour *passe* et la douzaine du milieu...

Le peintre Jundt est installé depuis un mois à Monte-Carlo, dans la villa de M. Wagatha, son compatriote.

Il a pour atelier un chalet coquettement découpé, qui lui rappelle encore l'Alsace, — où il n'est pas retourné depuis nos désastres.

Jundt m'a donné bien des détails touchants sur Charles Marchal, son ami et son émule, dont le suicide a eu ici, comme partout, un retentissement douloureux. Il ne croit pas à des motifs puisés absolument dans la vie intime, — où l'on est toujours tenté de chercher; — il voit plus haut, à tort ou à raison. Il croit que Charles Marchal était très affecté et très effrayé de la décroissance de sa vue, qu'il pressentait une impuissance de travail, qu'il craignait d'être arrêté dans sa carrière...

Jundt est peut-être dans le vrai.

Qu'aurait fait Marchal, le regard obscurci et la main chancelante, se survivant à lui-même dans la force de l'âge? Là est peut-être le secret de sa résolution désespérée et si froidement conçue.

Le suicide est toujours une sombre chose. Mais il a quelquefois sa logique amère et triste. Une heure lamentable peut survenir dans la vie d'un artiste, où la lutte devient impossible et entraîne après elle la perte de la dignité. On n'existe plus ou l'on prévoit que l'on ne va plus exister. Que faire?

L'appel suprême aux amitiés — même les plus intimes, les plus étroites, les plus chères, — n'est pas toujours du goût des affligés. L'immonde question de l'argent amène aux lèvres des plus délicats un soulèvement dont ils ne peuvent réussir à être vainqueurs. Apporter dans la vie d'autrui une charge indiscrète, imprévue, leur paraît un fait malséant, quoiqu'il puisse paraître tout naturel aux autres.

L'amitié est un des luxes et un des charmes de la vie. Avant de mettre une amitié à l'épreuve, on veut épuiser les indifférences commerciales.

Il a dû en être ainsi de Charles Marchal. Il aura

regardé en face son avenir et il en aura frémi. Certes, nul plus que ce charmant et loyal garçon ne comptait des mains tendues et des cœurs battant à l'unisson du sien. Mais, sur le seuil de la nuit qui s'apprêtait pour lui, il se sera demandé, avec cet esprit parisien qui ne lui a jamais fait défaut, s'il n'allait pas devenir un *gêneur* et un *empêcheur de danser en rond*.

Le suicide! Voilà qui résout et qui décide tout! On surprend, on afflige, mais on ne dérange personne. Au bout de quelques jours, tout le monde en a pris son parti. Pauvre Marchal! Les articles des journaux pleuvent de tous les côtés. On se rappelle sa bonne humeur, sa franche gaieté, quelques-uns de ses traits joyeux; on découpe, dans les préfaces du *Théâtre* d'Alexandre Dumas fils, ce passage ensoleillé où il est représenté dans l'île de Croissy, nageant, avec son bien-aimé camarade, à la poursuite d'une baigneuse. On se rappelle sa fière mine de garde national pendant le siège de Paris. — Pauvre Marchal!

Eh bien, non! cette délicatesse dernière, cette correction dans le trépas, ce soin patient à se délier des souffrances à venir, tout cela est blâmable, tout cela est coupable!

Charles Marchal n'avait pas le droit, pas plus

qu'un autre, de poser sur sa tempe ce revolver d'emprunt et de détruire une intelligence après tout supérieure.

Tant qu'il y aura autour d'un cadavre une sympathie effarée, un être en pleurs, — ne fût-ce même qu'un chien gémissant, — le suicide aura tort. Le suicide a sa noblesse ; mais quelque chose passe avant la noblesse : c'est le respect de l'inconnu. Le véritable héroïsme est d'épuiser la vie. Qui n'a pas été un martyr n'a pas été un homme.

Les suicides sont rares parmi les artistes. On cite pourtant le suicide de Gros, qui s'est noyé dans une mare aux environs de Sceaux ; — celui de Léopold Robert, qui s'est frappé de plusieurs coups d'épée ; — et, plus récemment, le suicide de Tassaert, qui a appelé le charbon à l'aide de sa misère...

. . . .

... Que ferai-je de l'argent que je viens de gagner ?... Je le doublerai, parbleu ! je le triplerai !

Et, dès le matin, à l'ouverture de la banque, je me présente dans les salles de jeu, fier et hautain.

On déjeune encore, à l'hôtel de Paris ; moi, j'ai réfectionné d'une façon légère afin de me laisser toutes mes facultés d'action. Plusieurs places sont vacantes. Jouerai-je assis ou jouerai-je debout? Jouer assis, cela engage. Ma foi, je jouerai assis, j'aurai de la bravoure jusqu'au bout. Mon gain d'hier, j'en couvrirai le tapis tout entier. Foin des douzaines et des colonnes! des numéros, et en avant! Et les numéros les plus imprévus : le 0, le 36, les quatre premiers, le 17, le 24; je me penche sur le cylindre, j'éparpille mes louis sur l'*impair*, sur *manque*, sur *rouge*, jusqu'à ce que j'entende le mot fatidique : *Rien ne va plus!* Et encore, pendant les derniers roulements de la boule, je couvre avec frénésie des sixains et des dixains; puis je retombe sur ma chaise.

La boule, après mille bondissements, tombe dans un trou. A peine si je me souviens des numéros que j'ai couverts, mais les croupiers s'en souviennent pour moi; ils me les indiquent complaisamment, et le rateau, si fatal pour d'autres, pousse devant moi des piles d'or inespérées. Oui, c'est bien ainsi qu'il faut jouer, sans logique, inconsciemment, comme un fou, comme un écervelé, pour gagner, pour ramasser de l'or et des billets de banque; aussi, j'en ramasse à gogo, j'en remplis toutes mes poches, poches de redingote, poches de gilet, poches de pantalon, et jusqu'au classique gousset, que mon tailleur, homme de la vieille souche, maintient religieusement dans tous mes vêtements.

Et puis après.

Après, je recommence. Je recommence comme je vous le dis ; je me familiarise déjà avec une sensation jusqu'alors peu connue. J'envisage la fortune face à face, moi qui jusqu'alors n'avais osé lever les yeux sur elle que dans mes rêves. Pour un rien, je lui dirais insolemment : « A nous deux ! » car je sens l'insolence me venir avec l'argent. Les projets les plus étranges se croisent dans ma cervelle. Le dirais-je? Je médite d'abandonner la littérature... — Oh! je mérite d'être châtié !

Combien de temps durera ma veine ?

. . . .

... Ce doit être moi, oui, c'est bien moi, — qui ai appelé le palmier : ce *crocodile perpendiculaire*.

Il y en a de toutes les tailles dans les jardins de Monte-Carlo, de petits qui commencent à sortir de terre, de jeunes qui sont tout à fait sortis, de moyens qui s'élancent en divers sens ; les uns et les autres, farouches, rugueux, écaillés, donnent bien en effet l'idée d'une enveloppe de crocodile.

Il y en a aussi de frappés par l'âge, de cicatrisés, de déplumés, qui lèvent encore un front audacieux, et qui laissent pendre deçà delà, à leur sommet, quelque palme brisée, qui fait songer involontairement à ce feutre de Goulatromba.

Où pend tragiquement un plumeau consterné.

Et dire que les Orientaux, dans leur littérature qualifiée de somptueuse, n'ont rien trouvé de mieux que de comparer la taille d'une jeune fille à celle du palmier !

Voir le *Cantique des Cantiques.*

Peu polis, les Orientaux !

. . . .

— Que fais-tu là ? dis-je à Alfred Asseline, que je vois rêveur devant un verre de vermout italien.

— Je fais des vers.

— Toi, encore, à ton âge ?

— Il n'y a pas d'âge pour les cygnes. Mais rassure-toi : je fais des vers d'actualité.

— Comprends pas.

— Ne sommes-nous pas en carême ?

— Oui. Eh bien ?

— Eh bien, je cherche une rime à *hareng saur.*

— Tu ne la trouves pas ?

— Non, et je donnerais gros pour qui me la fournirait.

— Lève-toi et marche, dis-je solennellement à l'auteur de *l'Enlèvement d'Hélène.*

— J'aime mieux prendre une voiture.

— Une voiture, soit. Cocher, à Monaco.

— Mais qu'allons-nous faire à Monaco ? me demande Asseline.

— Chercher ta rime !

— Ma rime à *hareng saur* ?

— Justement.

— Et tu es sûr que nous la trouverons à Monaco ?

— Tu vas voir.

Pendant ce temps-là, la voiture roule, agitant ses pompons rouges, escaladant du galop de ses deux petits chevaux les pittoresques remparts de Vauban.

On arrive à Monaco; je donne ordre d'arrêter place des Vieilles-Casernes.

— Tu veux toujours ta rime à *hareng saur* ? dis-je à Alfred Asseline.

— Certes ! fait-il.

— Eh bien, retourne-toi et regarde !

Et je lui montre au fronton d'une église cet alexandrin gravé en lettres d'or :

La congrégation des dames de Saint-Maur.

. . . .

... J'ai rencontré au concert d'hier soir un Marseillais de ma connaissance.

Faure venait de chanter comme à son habitude, c'est-à-dire merveilleusement. Le public applaudissait à tout rompre, quoique ce ne soit pas dans ses habitudes.

— Eh bien, dis-je à mon Marseillais en l'entraînant dans le vestibule pendant l'entr'acte, qu'en pensez-vous ?

— Oui, répondit-il assez nonchalamment, ce n'est pas mal; mais...

— Mais quoi? Quel charme? quelle douceur! quelle pureté de style !

— Oui, mon cer, c'est zentil, ze ne dis pas... mais ça ne vaut pas Merly.

Je fis un soubresaut.

— Avez-vous entendu Merly ? me demanda à son tour le Marseillais.

— Non, non... fis-je en haussant les épaules.

— Tant pis pour vous ! Il n'y a jamais eu qu'un Merly au monde.

— Mais, repris-je impatienté, ce Merly, autant qu'il m'en souvienne, était un ténor, tandis que Faure est un baryton.

— Ça ne fait rien, dit mon Marseillais.

— Comment! ça ne fait rien ? un ténor et un baryton n'ont aucune ressemblance, ce me semble.

— Vous croyez ça, vous ?... Merly était le çanteur des çanteurs... il çantait tout ce qu'il voulait... Ah! si vous l'aviez entendu dans *les Huguenots*... Coquin de sort!... On serait resté là à l'écouter pendant des éternités, sans boire ni manzer, comme cela...

Et le Marseillais, démonstratif comme tous ceux de sa race, s'arrête tout à coup et s'immobilise, bouche béante, sans souci des passants.

— Qu'avez-vous ? dis-je.

— Vous ne voyez donc pas que z'imite le public de Marseille, mon bon ?

— Ah ! très bien ?

— Votre moussu Faure, il est certainement bien aimable, mais il ne va pas à la ceville de Merly... Ah ! Merly ! Nous le pleurons tous les jours.

Ce disant, le Marseillais passa son doigt dans le coin de son œil, et me le montra ensuite.

— Voyez, fit-il.

— Qu'est-ce que c'est ?

— C'est un pleur.

J'étais ému.

— Vous le connaissiez donc bien ? demandai-je.

— Qui ça ? Merly ?

— Oui, Merly.

— Moi, pas du tout. Seulement, mon beau-frère était très lié avec lui, et m'en parlait souvent. C'était tout comme si je le connaissais...

... Tous les jours, il y a quatre ans, à Monte-Carlo, j'allais m'asseoir, à la même heure, à côté de Jules Sandeau, sur un des bancs qui regardent le casino. En dehors d'Hetzel et de M. Grivis, il ne connaissait que moi. Il était venu respirer l'air exceptionnellement pur de ce pays, savourer un pénétrant rayon de soleil...

L'auteur du *Docteur Herbeau* était déjà atteint dans ses forces vives. Il se sentait fléchir, décliner, tomber en langueur. Il ne lui déplaisait pas de se laisser ranimer dans ses souvenirs par un confrère plus jeune que lui, un admirateur sincère. Mais il se livrait peu. Je ne lui demandais rien cependant qu'il ne voulût donner; mais Jules Sandeau avait de ces regards fixes et de ces moments de silence qui commandaient la réserve à son interlocuteur.

Je voyais qu'il n'en avait pas pour longtemps. Plusieurs années auparavant, je le rencontrais fréquemment à Paris, sur le quai Voltaire, alors qu'il se rendait à la bibliothèque Mazarine, dont il était un des conservateurs. C'était alors un homme de belle allure, calme, toujours le cigare aux lèvres. Nous échangions d'amicales paroles, et je l'accompagnais à son bureau, où il me prêtait et me laissait emporter les livres dont j'avais besoin.

Il avait été très affecté de la chute de l'empire, qui lui avait enlevé une sinécure importante : la bibliothèque du palais de Saint-Cloud.

Jules Sandeau n'avait pas d'ennemis et il n'avait jamais rien fait pour s'en attirer. Je ne connais qu'un seul homme qui se soit montré cruel pour Jules Sandeau. C'est le farouche Barbey d'Aurevilly. Un Jules, cependant! Il le traite d'*oncle à M. Octave Feuillet*, de *cataplasme*, de *petit conteur* « rompu au métier, ayant grapillé dans la vigne à Goldsmith et à Walter Scott ».

Il ne s'arrête pas là, il l'attaque dans son élégance. « C'est un clerc de notaire, — dit-il dédaigneusement ; — je l'ai vu autrefois faire le dandy en loge, avec une grosse chevalière à pierre brillante, *par-dessus* un gant beurre frais, qui n'était pas très frais. Il a eu les mêmes goûts et les mêmes malheurs qu'Alfred de Musset, et il disait, en montrant sa tête chauve : « *Elle* m'a pris mon dernier cheveu et ma dernière illusion. » Mais, comme Alfred de Musset, il n'a pas fait son saut de Leucade dans l'absinthe. Il a piqué dans le solide, les huîtres, le pâté de foie gras et les côtelettes. Guéri de passions, marié d'ailleurs, il est devenu un ventre rondelet et tranquille qui emplit très bien son fauteuil d'Académie.

Puisque nous sommes amené à parler de la liaison de Jules Sandeau avec George Sand, disons qu'on en connaît peu de chose. Le secret a été fidèlement gardé de part et d'autre. Ce qu'on en sait nous est venu seulement par les *Lettres d'un voyageur* plutôt que par l'*Histoire de ma vie*. Entraînée, émue, la femme a soulevé pendant deux minutes un coin du voile qui a toujours couvert cet épisode des premières années. Voici ce qu'on lit dans une lettre à son ami et compatriote François Rollinat :

« ... Je suis comme toi, vieux, je ne suis l'autre moitié de personne. Il m'importe peu de vieillir; il m'importerait beaucoup de ne pas vieillir seul. Mais je n'ai pas rencontré l'être avec lequel j'aurai voulu vivre et mourir, ou, *si je l'ai rencontré, je n'ai pas su le garder...*

« Ce dessin de Watelet est encadré dans ma chambre, au-dessus d'un portrait dont personne ici n'a vu l'original. Pendant un an, l'être qui m'a légué ce portrait s'est assis avec moi toutes les nuits à une petite table, et il a vécu du même travail que moi... Au lever du jour, nous nous consultions sur notre œuvre, et nous soupions à la même petite table, tout en causant d'art, de sentiment et d'avenir. L'avenir nous a manqué de parole. »

Rien de plus délicat, mais aussi rien de plus discret.

. . . .

... Un de mes amis du Midi, M. Alexandre Mouttet, impatienté de voir continuellement se propager cette erreur que Méry est né aux Aygalades, a pris le parti bien simple (simple comme l'œuf de Colomb) de rechercher son acte de naissance.

Personne n'y avait pensé avant lui.

Il l'a découvert — et il me l'envoie :

« L'an V de la République française, le 2 pluviôse, par-devant nous, officier public de la mairie du Centre, canton de Marseille, et dans la maison commune, est comparu le citoyen Jean-Joseph-Ferréol Méry, marchand, demeurant rue de l'Égalité, isle 184, maison 5, lequel a présenté un garçon, né ce jourd'hui à deux heures cinq décimes, dans sa maison d'habitation, de la citoyenne Marie-Anne-Paule Semanier, son épouse, auquel garçon il a été donné les prénoms de François-Joseph-Pierre-*Agnès*, en présence des citoyens Jean-François Méry, entrepreneur, ayeul paternel du nouveau-né, demeurant rue Coutellerie, et Louis Gaubert, commis, demeurant rue de l'Égalité, témoins majeurs qui ont signé avec nous.

» J. Ferréol Méry. — J.-F. Méry. — Gaubert. — Durbec, officier public. »

Le 2 pluviôse an V équivaut au 21 janvier 1797. Le numéro 5 de l'isle (section) 184, correspondait au numéro 17 de l'ancienne rue des Nobles, devenue rue Belzunce, puis démolie en partie. Méry a toujours signé Méry tout court, sans aucun de ses prénoms. Il ne m'a jamais parlé de celui d'Agnès. Je comprends cela.

. . . .

Je me trouvais au dernier printemps, le 1er avril, à Nice. J'y dînais, en aimable compagnie, chez M. Meynadier fils.

Tout à coup la conversation vint à tomber sur l'événement du jour : une baleine qu'on avait aperçue au Var, une véritable baleine, au dos brun, qui n'avait fait qu'apparaître d'ailleurs et qui avait aussitôt regagné le large. De nombreux témoins en certifiaient. Mais quoi! on était au 1er avril, et la baleine était niée à l'avance. A d'autres! une baleine ! le jour même du poisson d'avril! Allez raconter cela aux Martiguois!

Cependant, le lendemain, ladite baleine était signalée à Eza, à trois stations du chemin de fer de Nice, du côté de Monaco. Ma foi! des curieux se mirent en voyage; j'en fus, avec Charles Limouzin, un journaliste armé contre la crédulité. Nous ne vîmes rien, et l'on se moqua un peu de nous, excepté l'aubergiste d'Eza, qui nous proposa avec succès de remplacer la baleine invisible par une bouillabaisse plantureuse et parfumée.

Les gazettes niçoises firent des gorges chaudes

de la baleine du 1ᵉʳ avril. Eh bien, les gazettes niçoises étaient dans leur tort. La baleine avait eu lieu. La baleine existe, et elle se promène toujours en vue de Nice. J'en ai la preuve dans un ouvrage récemment publié par un rédacteur du *Journal des Débats*, M. Gabriel Charmes : *Cinq mois au Caire*. Notre confrère a vu la baleine, la même, tout le fait supposer. Embarqué à bord d'un des paquebots qui font le trajet de Marseille à Alexandrie, il l'a rencontrée en face de la Corse, au mois de décembre.

Voici comment il raconte cette aventure :

« Arrivé à la hauteur du Cap Corse, une magnifique baleine, projetant devant elle deux jets d'eau effilés et soulevant au-dessus des vagues son long corps noirâtre, suivit quelque temps le bateau ; il paraît qu'elle est fort connue des matelots, car elle vit depuis bien des années dans les mêmes parages, où beaucoup de voyageurs la rencontrent comme moi. Peut-être y a-t-elle été placée à dessein, en manière de réclame, par la compagnie des Messageries maritimes. J'étais tout fier d'avoir vu une baleine dans la Méditerranée, à une si petite distance de la France ; mais puisque tout le monde peut l'y voir !... »

C'est égal, je suis content, pour ma part, de n'avoir pas été la dupe d'un canard provincial.

MENTON

LES ANXIÉTÉS D'UN REPORTER

Il y a quelques années, on trouva dans les bois qui avoisinent Menton un carnet ayant appartenu à un journaliste parisien, mais ne portant aucun nom de propriétaire. Des recherches furent faites vainement dans les hôtels de la ville, depuis Carnolès jusqu'à Garavan. Y a-t-il accident ou suicide?

Voici quelques feuillets arrachés à ce carnet :

Menton, mercredi.

Si je ne réussis pas à approcher de la reine

d'Angleterre avant tous mes confrères, je me fais sauter la cervelle.

Mon parti est bien pris.

Il y va de ma dignité professionnelle; depuis quelque temps, je me suis trop laissé battre par des reporters étrangers.

Cette fois encore, je parie que Blowitz et Campbell-Clarke auront pris leurs mesures pour me couper l'herbe sous le pied. C'est toujours la même chose.

Arrivé depuis plusieurs jours déjà à Menton, je me suis heurté à des difficultés infranchissables pour me créer des intelligences dans le chalet des Rosiers.

On m'en a refusé l'entrée à plus de six cents mètres.

J'essayerais bien d'un travestissement pour m'y introduire, les moyens de théâtre ne me répugnent pas; mais le malheur est que j'ignore absolument la langue du *Paradis perdu*.

Je ne peux donc me présenter ni comme jardinier, ni comme cuisinier, ni même en bohémien diseur de bonne aventure, ainsi que Buridan chez Marguerite de Bourgogne.

Faire briller l'or aux yeux des domestiques? Ils en ont probablement plus que moi.

Séduire une femme de chambre? J'y avais

d'abord pensé... Mais ces Anglaises ! cela devient tout de suite une grosse affaire, un cas diplomatique...

Même jour.

Jusqu'à Saint-Genest que je rencontre installé à Menton !

Mais je ne crains pas Saint-Genest.

Saint-Genest est un fantaisiste, un philosophe, un poète, un moraliste... Ce n'est pas un reporter; il ne sait parler que de lui et de ses braves camarades de chambrée.

Je redouterais bien plus Ivan de Wœstyne; mais on ne sait pas où est Ivan de Wœstyne.

Ah ! s'il voulait, cependant, Saint-Genest !... mais il ne voudra jamais... Nous nous déguiserions en *nègres minstrels*, et par nos chants, par nos gambades, nous forcerions bien la grille du chalet des Rosiers.

Saint-Genest ne consentira jamais à s'enduire le visage d'une couche de jus de réglisse.

Menton, jeudi.

Elle est arrivée !
Cela m'est bien égal.
La ville est tout à la joie, comme Fahrbach.

Moi, j'erre par les rues, farouche et seul, protestation vivante, m'irritant des drapeaux et des lanternes vénitiennes, murmurant :

— Cachez, cachez tout cela !

Menton, vendredi.

Eurêka!

Le hasard s'est montré bon enfant et m'a envoyé l'expédient que je cherchais.

D'immenses affiches répandues sur tous les murs de Menton annoncent une ascension aérostatique de Jovis. Jovis, l'intrépide! Jovis, le frère aîné du danger! Jovis, dont la nacelle se complaît aux bains de siège dans la Méditerranée!

Je vais aller chez Jovis, et lui demander de monter dans son ballon.

De la sorte — pour peu que le vent me soit en aide — je pourrai planer sur le chalet des Rosiers, et, si je n'ai pu voir la reine de bas en haut, je la verrai peut-être de haut en bas.

Allons, toute imagination n'est pas morte en moi, et il y a encore de beaux jours pour le reportage français!

*
* *

Même jour.

Je sors de chez Jovis.

L'affaire est enlevée, ou plutôt c'est nous qui nous enlèverons demain aux yeux émerveillés des Mentonnais et des Anglais.

Jovis, qui ne doute de rien, croit que le vent nous portera du côté du chalet des Rosiers. Bravo! Jovis aurait préféré être porté du côté de la Méditerranée. Moi, je n'y tiens pas du tout.

Allons faire mon testament, à tout hasard.

Menton, samedi.

Nous voilà en l'air!

Le départ a été magnifique. Jovis, le ballon et moi, nous avons été salués par les vivants de la foule.

Trop de soleil, par exemple.

Je tiens mon carnet d'une main, mon crayon de l'autre, prêt à noter mes impressions minute par minute.

Les prévisions de Jovis ne l'avaient pas trompé : nous nous dirigeons majestueusement vers la colline où s'étage le chalet des Rosiers, — le chalet enchanté.

Mon cœur de reporter bat à tout rompre.

... Enfin!

Je l'ai vue... je viens de la voir!

Elle, la reine ! la reine invisible ! celle qui se cache !

Elle marche lentement dans une allée du jardin, accompagnée d'une dame d'honneur et de son fidèle Écossais.

La reine d'Angleterre est une très grosse personne. La façon dont elle m'apparaît — en raccourci — n'est pas faite pour l'avantager. C'est pourquoi je m'abstiendrai de parler de la noblesse de son port et de l'*affabilité répandue dans toute sa physionomie*.

Sa Majesté s'arrête quelquefois devant des fleurs, — qui sont, comme on le sait, les plus belles du monde à Menton, — et elle semble communiquer ses impressions aux personnes de sa suite.

Quel malheur que ses paroles ne puissent pas arriver jusqu'à nous !

— Ne vous penchez pas tant ! me crie Jovis.

Tout à coup, l'Écossais a levé la tête et nous a aperçus.

D'un geste rapide, il nous désigne à sa gracieuse souveraine.

Celle-ci lève la tête à son tour et se met à rire.

J'ai vu rire la reine d'Angleterre ! J'ai vu rire l'impératrice des Indes ! Elle a daigné rire de nous ! Les grands sont meilleurs qu'on ne les dépeint.

A ce moment inouï de mon existence, l'enthousiasme me saisit, je brandis ma casquette dans les airs et je lance, à pleine poitrine, les seuls mots d'anglais qui me soient familiers :

— *Hip ! hip ! hip !... Hurrah !*

Mais cette manifestation céleste ne paraît pas être du goût du fidèle Écossais, qui s'agite sur sa misérable planète en nous montrant un poing menaçant.

— Filons ! me dit Jovis en jetant un peu de lest.

— Déjà ?

Et mes yeux avides ne quittent pas ce coin de terre que je voudrais emporter gravé dans mon cerveau. Au moins, j'en ai bien retenu tous les aspects extérieurs : bosquets en dôme, charmilles, pièces d'eau, ponts rustiques. Mais qu'est-ce qu'une description, fût-elle signée par Goncourt ou Alphonse Daudet, auprès des détails intimes que le public réclame et auxquels il a droit ?

. . . .

Les notes du reporter parisien s'arrêtent ici.

On suppose que, dans une des oscillations de la nacelle, le carnet aura échappé à ses mains et sera tombé à l'endroit où il a été trouvé.

EN ITALIE

En 1871, vers la fin du mois de décembre, je voyageais en Italie; je me trouvais dans un wagon du chemin de fer qui va de Turin à Milan. La matinée était fort belle. A la deuxième ou troisième station, je vis monter dans le compartiment que j'occupais un grand monsieur aux favoris bruns, en lunettes, simplement mis, et coiffé du chapeau rond des voyageurs.

Il avait pour unique bagage un livre qu'il tenait à la main.

Après m'avoir jeté un regard indifférent par dessous ses lunettes, ce monsieur s'assit en face de moi, — et il ouvrit son livre, un volume des *Lundis* de Sainte-Beuve.

Je respectai sa lecture pendant quelque temps; puis je me décidai à lui dire :

— Eh bien, monsieur Émile Olivier, quand nous donnerez-vous votre discours de réception à l'Académie française?

M. Olivier (car c'était lui) sourit et la conversation s'engagea.

On cause vite en chemin de fer; au bout de deux heures, nous avions abordé tous les sujets... excepté un seul, que l'on devine.

— Je suis le plus ignorant des hommes en politique, avais-je commencé par établir.

Une fois à l'aise tous les deux, M. Émile Olivier m'apprit qu'il habitait depuis plus d'un an, en famille, un village des Alpes piémontaises.

— Je travaille beaucoup, me dit-il; je m'occupe particulièrement de littérature et d'art; je trouve dans ces deux nobles passions une distraction et un apaisement. Quant à mon discours de réception à l'Académie française...

— Eh bien?

— Je veux auparavant publier une étude sur Raphaël et Michel-Ange, que j'enverrai à l'Académie française et à mes amis, comme souvenir.

Je souris.

— Michel-Ange! Raphaël! dis-je; voilà, en effet des noms qui ne rappellent guère la politique.

Au bout de quelques instants, l'ex-ministre arriva à sa destination.

Il me quitta, en me souhaitant bon voyage.

Je continuai ma route vers Milan, puis de là dans tout le reste de l'Italie...

Huit mois après, M. Émile Olivier faisait paraître à Paris l'étude qu'il m'avait annoncée, — un petit volume intitulé : *Dialogue sur Michel-Ange et Raphaël*. On y trouve des choses bien exprimées, un sentiment sincère des chefs-d'œuvre. Rien de l'avocat. Il en sera sans doute question dans la réponse de M. Émile Augier.

L'auteur du *Dialogue* ne hait pas l'anecdote. Il en raconte une fort saisissante sur les derniers moments de Laurent de Médicis.

Celui qui avait mérité le surnom de *Magnifique* agonisait dans sa superbe villa. Il repoussait les exhortations de son confesseur habituel ; car il avait vu les hommes si vils à ses pieds, qu'il craignait que dans le prêtre surnageât encore le courtisan.

Tout à coup, Laurent de Médicis pensa à Savonarole, l'illustre prédicateur. Celui-là était un homme, un esprit indépendant. Le moribond l'envoya chercher pour qu'il eût à recevoir sa confession suprême.

Savonarole arriva.

Laurent entama la longue kyrielle de ses crimes : le sac de Volterra, le vol de la banque *delle Franciule*, le sang répandu après la conspiration des Pazzi, etc., etc.

Le grand dominicain l'écoutait en silence.

— Trois choses sont nécessaires pour obtenir votre pardon, lui dit-il lorsqu'il eut fini.

— Lesquelles?

— La première, c'est que vous ayez une foi entière, une foi vive dans la miséricorde de Dieu.

— Je l'ai sans limites, répondit Laurent.

— La seconde, c'est que vous ordonniez à vos héritiers de restituer tout le bien que vous avez mal acquis.

Laurent de Médicis fit la grimace; mais, après un instant d'hésitation, il inclina la tête en signe de consentement.

Savonarole continua d'une voix tonnante et avec des yeux étincelants :

— Enfin, la troisième condition...

— Achevez, dit Laurent avec anxiété.

— C'est que vous rendiez la liberté au peuple de Florence !

A ces mots, Laurent le Magnifique ne répondit rien et tourna le dos au moine.

Celui-ci s'en alla fièrement sans lui donner l'absolution.

VENISE

Il y a quatre ans que j'ai visité Venise pour la première fois, et, depuis lors, je ne cesse d'y penser. — Que ne suis-je encore sur le pont de la Paille, par un beau soleil de dimanche, occupé à regarder les saltimbanques du quai des Esclavons!

C'était là aussi une des distractions de Gœthe, alors qu'il habitait Venise en 1790. Il avait remarqué une petite danseuse de quinze ou seize ans, mignonne au possible, du nom de Bettina, — un nom qu'il devait rencontrer plusieurs fois dans sa vie.

« Le charmant petit être! dit-il; elle est souple et sans os; tout se ploie en elle, tout est gracieux.

» O Bettina! je t'admire, aimable merveille;

j'aime tout ce que tu fais ; mais j'aime par-dessus tout voir ton père te faire tourner sur toi-même. Il te lance, et, après le saut périlleux, te voilà debout, et courant comme si rien ne s'était passé. »

Ainsi s'exprime Gœthe dans ses *Épigrammes vénitiennes*, qui ont pour épigraphe : « Ce petit livre vous apprendra comment j'ai dépensé joyeusement mon temps et mon argent. »

En ce temps-là, Gœthe se laissait aller à la folâterie ; et il se gourmandait lui même spirituellement de son admiration pour l'acrobate Bettina :

« Ne vas-tu point cesser d'en parler ? Cette fille va-t-elle remplir tout un livre ? Entonne du moins quelque chose de plus raisonnable.

» N'as-tu donc pas vu la bonne société ? Ton petit livre ne nous montre que du peuple et des baladins, et pis encore.

» — J'ai vu la bonne société ; *c'est celle qui ne donne pas matière au plus petit poème.*

» Un peu de patience ! bientôt je chanterai les rois et les grands de la terre, *quand je comprendrai mieux le métier que je ne le fais à présent.*

» En attendant, je chante Bettina ; les baladins et les poètes sont proches parents ; ils se cherchent et se retrouvent volontiers. »

De tels aveux sont bons à recueillir de la bouche du grand Allemand.

Décidément Venise est loin de Weimar.

Après Gœthe, — le croirait-on? — le comédien Grassot a voulu voir Venise à son tour. Grassot, ce bouffon d'une nature si douce et si honnête qu'il fut jugé digne, sur ses derniers jour, de diriger le *Café de Minerve.*

Lorsque Grassot eut absolument perdu sa voix, — ce mirliton enchanté dont le souvenir traversa longtemps notre oreille, — les médecins l'envoyèrent en Italie.

C'est de cette époque que date le petit volume intitulé : *Grassot en Italie, lettres familières et romanesques.*

Très rare à présent.

L'éditeur prévient dans la préface que c'est ce qu'on a écrit de mieux sur l'Italie depuis le président de Brosses (il dit même *des* Brosses dans son zèle).

Le fait est que personne ne s'était encore avisé de parler en ces termes de la terre classique des beaux-arts :

> A la santé de Doria
> Je vais prendre mon gloria!

Voici ce que Grassot raconte de Venise et de

ses habitants : « Le lendemain de mon arrivée, j'ai reçu la visite d'un patricien des plus distingués, le seigneur Barbarini. Ce galant homme m'apportait, avec ses civilités, une bourriche de truites pour me régaler. Les truites sont très rares ici, et le peu qu'on en mange vient des ruisseaux du Tyrol. Le seigneur Barbarini m'a comblé de politesses ; mais il me fait l'effet d'un vieux birbe, *vecchio birbo*, comme on dit en italien, et il m'a paru avoir la toquade de la tragédie. Il m'a demandé si elle faisait toujours fureur en France, et il m'a raconté que, pendant un séjour qu'il a fait à Paris, il s'était abonné à l'Odéon. Pour ne pas contrarier ce vieux « papa très bien », j'ai affecté de couper dans ses idées. Alors il m'a déclamé le récit de Théramène ; puis, comme je voulais le reconduire jusqu'à la rue, il m'a dit que ce n'était pas la peine, et il a piqué une tête par la fenêtre. Rien de plus commun ici que de voir les visiteurs prendre ce chemin pour s'en aller. Ils trouvent cela plus commode que de descendre l'escalier. Voilà l'utilité des canaux. »

Sourions à ces folies, — et passons.

ROME

Il y a plusieurs façons de voir Rome. Les naïfs, c'est-à-dire la majorité, se précipitent dans les musées, inondent les palais, vont rêver au clair de lune dans le Colisée et évoquer (inutilement) les ombres des Césars dans les bains de Caracalla. Ce sont les touristes classiques, imbus des *Lettres de Dupaty sur l'Italie*, et qui *pointent* soigneusement sur leur *Guide* tout ce qu'ils ont vu — ou cru voir.

Le trait est connu de cet Anglais qui s'en allait tous les matins, à l'aube, sur les rostres du Forum, son Shakespeare à la main, pour réciter le monologue d'Antoine.

Les artistes, guêtrés et sac au dos, prennent le chemin de la villa Médicis, où, par les lourdes journées d'été, les jeunes prix de Rome s'évertuent à dormir d'après nature.

D'autres, ni peintres ni poètes, mais seulement bons vivants, flânent au hasard, admirant les Transtévérines et goûtant au vin d'Orviéto. — Cette façon de voir Rome n'est pas la moins sensée. — C'était celle de mon ami Auguste Villemot qui, en fait d'*impressions de voyage*, a raconté ses relations avec un gaillard robuste dont il avait fait la connaissance au café.

Un jour, on expliqua à Villemot que son ami était un ancien brigand *retiré*. Il eut un haut-le-corps d'étonnement.

« A dater de cette révélation — dit-il — il était de mon devoir de ne plus saluer ce misérable et de me lier avec un chapelier romain qui fréquentait le même café. Eh bien, admirez le penchant funeste de l'homme! Le chapelier m'ennuyait, quoiqu'il racontât toujours avec infiniment d'aisance et de variété comment il s'y prenait pour rendre les chapeaux imperméables, — et le brigand exerçait sur moi une attraction invincible.

» C'était un homme pourvu du physique de l'emploi, avec une nuance de ténor léger dans les attitudes un peu molles de sa sieste. J'aimais à lui faire raconter quelques épisodes de sa vie aventureuse : il était d'une verve charmante quand il abordait le chapitre de la grande route,

Il parlait de diligences arrêtées avec une conscience aussi calme qu'un contrebandier parle d'une charge de tabac passée en fraude. Sur le compte des voyageurs, il était beaucoup plus réservé...

» Mais le chapelier qui, tous les soirs, faisait la partie avec lui, me dit que notre ami s'était tout simplement baigné dans le sang des postillons et des voyageurs. — Et voilà ce dont je m'accuse. Sur quinze jours que j'ai passés à Rome, j'en ai certainement passé dix à écouter ce brigand. Que voulez-vous ! le chapelier était si ennuyeux ! et il voulait toujours me mener à sa boutique et tremper mon chapeau dans l'eau pour le rendre imperméable. »

ISCHIA

Avoir été un lieu de délices et n'être plus qu'un lieu d'horreur, tel devait donc être le destin d'Ischia! Toute une génération a susurré ces vers de Lamartine, qui font partie des *Nouvelles Méditations poétiques :*

L'Océan amoureux de ces rives tranquilles,
Calme, en baignant leurs pieds, ses orageux transports,
Et pressant dans ses bras ces golfes et ces îles,
De son humide haleine en rafraîchit les bords.

Du flot qui, tour à tour, s'avance et se retire,
L'œil aime à suivre au loin le flexible contour;
On dirait un amant qui presse en son délire
La vierge qui résiste et cède tour à tour.

... Vois : la mousse a pour nous tapissé la vallée ;
Le pampre *s'y recourbe en replis tortueux;*

Absolument comme le monstre du récit de Théramène.

>   Et l'haleine de l'onde, à l'oranger mêlée,
>   De ses fleurs qu'elle effeuille embaume mes cheveux.
>
>   A la noble clarté de la voûte sereine,
>   Nous chanterons ensemble, assis sous le jasmin,
>   Jusqu'à l'heure où la lune, en glissant vers Misène,
>   Se perd en pâlissant sous les feux du matin.

. . . .

>   Et nous, aux doux penchants de ces verts Élysées,
>   Sur ces bords où l'amour eût caché son Éden,
>   Au murmure plaintif des vagues apaisées,
>   Aux rayons endormis de l'astre élyséen,
>
>   Sous ce ciel où la vie, où le bonheur abonde,
>   Sur ces rives que l'œil se plaît à parcourir,
>   Nous avons respiré cet air d'un autre monde,
>   Élyse !... et cependant on dit qu'il faut mourir !

Élyse ? qu'est-ce que c'est que cette Élyse (avec un *y*) ? Nous ne connaissons qu'Elvire. C'est sans doute encore une de ses *anciennes*.

Nous ne citons pas la pièce d'*Ischia* tout entière, parce que c'est une des plus faibles de Lamartine, qui en a beaucoup de faibles et de lâchées, ce dont on commence à s'apercevoir.

J'ai cru devoir cependant en évoquer le souvenir, car il me semble que les journaux, en fait de descriptions d'Ischia par Lamartine, n'ont rappelé que la description en prose qui est dans *Graziella*.

EST

AUXERRE

Auxerre a la renommée pour les discours politiques, — comme d'autres villes pour les pâtés ou les étoffes.

C'est ainsi que l'histoire rapporte que, le 6 mai 1866, — toujours à un concours régional, — l'empereur Napoléon III y prononça un discours qui eut un retentissement européen. Le souverain y parlait de la nécessité de « déchirer les odieux traités de 1815 ».

Le discours existe, en effet, on peut le lire au *Moniteur*.

Seulement... il n'a pas été prononcé.

J'étais justement à Auxerre ce jour-là, et je puis invoquer le témoignage de tous les Auxerrois. L'empereur, à qui les dieux n'avaient pas départi le don de l'éloquence, garda le discours dans sa poche.

Après les discours politiques, une autre spécialité d'Auxerre est celle des *retraites illuminées*, comme il y en a eu une il y a dix jours.

Les retraites illuminées d'Auxerre sont une des curiosités et une des spécialités de cette charmante cité bourguignonne. Cela ne ressemble à rien. Alexandre Dumas, qui s'est dérangé tout exprès pour en voir une, en a écrit une description enthousiaste.

Chacune de ces retraites illuminées nécessite de très grands frais, quelque chose comme une cinquantaine de mille francs. Aussi n'ont-elles lieu que de loin en loin, surtout à l'époque des concours agricoles. Elles s'organisent par souscription ; chacun donne ce qu'il veut, ce qu'il peut ; le reste est fourni par des sociétés particulières ; des groupes se forment pour la confection de tel ou tel char : tout le monde y travaille et y met du sien : le peintre fait cadeau de son croquis, le sculpteur apporte sa maquette ; — costumiers, ciriers, tapissiers, papetiers, — c'est à qui s'emploiera presque gratuitement.

Si je voulais donner une idée de ces fêtes, je dirais qu'elles ressemblent tout à fait aux fêtes carnavalesques de Nice, à la promenade du Corso, pendant la nuit, alors qu'on va brûler le mannequin géant de Carêmentrant. Même animation, même magnificence.

L'origine des retraites illuminées d'Auxerre ne se perd pas dans la profondeur des âges; elle date seulement de la Restauration. A cette époque, les Auxerrois avaient un amour désordonné pour le tambour, amour qui s'est perpétué jusqu'à nos jours, en dépit des arrêtés de M. Farre. « Autrefois, — raconte un écrivain local, — depuis le jour des Rois jusqu'au mercredi des Cendres, la nuit venue, il sortait un tambour de dessous chaque pavé. »

Bientôt, selon le même historien, — M. Sommeville, — chaque tambour eut son chapeau lumineux; de là *retraite illuminée*. On illumina des sacs de troupier qu'on mit sur le dos des tambours. L'année suivante, les sapeurs apparurent : la hache brillait, le tablier brillait. On eut une artillerie traînée sur des roues illuminées et de coquettes vivandières aux jupons transparents. L'idée enfantait chaque année de nouveaux chefs-d'œuvre. On se raconte encore avec orgueil les merveilles de la retraite de 1841, où la translation des cendres de l'empereur fut représentée avec un éclat qui tenait du prodige.

J'ai assisté à celle de 1866.

Napoléon III était venu à Auxerre avec l'impératrice, à l'occasion du concours régional. Il arriva à midi et demi, et repartit un peu avant cinq heures. Toutes les instances qu'on fit auprès de lui pour le décider à assister à la retraite illuminée n'aboutirent à rien. Les Auxerrois furent profondément froissés. Mais la fête ne souffrit pas du dédain impérial, au contraire.

Un incident particulièrement comique signala ces réjouissances populaires. Jenneval, le grand Jenneval, le directeur inépuisable en ressources, avait eu l'idée ingénieuse de donner au théâtre d'Auxerre une représentation... commençant à une heure du matin. Sur l'affiche, on lisait cette indication précieuse : « Premières loges et fauteuils : 2 francs *pour toute la nuit.* »

Je trouve cela tout simplement un trait de génie.

Ainsi moyennant deux francs par personne, la simple bagatelle de quarante sous, Jenneval se chargeait de loger huit ou neuf cents personnes qui, sans lui, auraient été fort embarrassées. Et non seulement il les logeait, mais encore il amusait celles qui étaient en état d'être amusées ! — Je voulus me rendre compte de la physionomie de la salle. Rien de pareil ne se reverra de longtemps. La moitié des spectateurs étaient complètement endormis, ceux-là renversés contre le mur des loges, ceux-ci la figure appuyée dans leurs mains sur le bois des banquettes. L'autre moitié était à demi somnolente; un couplet la réveillait, le dialogue la replongeait dans la léthargie. Comme partout, il y avait une petite fraction de jeunes gens qui se divertissaient fort.

Encore un mot sur Auxerre et ses fêtes.

L'ancien directeur du théâtre de la Porte-Saint-Martin, Marc Fournier, qui avait eu vent des retraites illuminées, tenta un jour d'en donner un aperçu au public parisien en introduisant des hommes-lanternes dans *le Pied de Mouton*. Mais la gaucherie de ces personnages, la difficulté qu'ils éprouvaient à se mouvoir les laissèrent bien loin de leurs modèles auxerrois.

BOURGES

Bourges a été visité par Stendhal au mois de juin 1837. Stendhal ne paraît pas avoir gardé de Bourges un souvenir bien agréable, si l'on feuillette ses *Mémoires d'un Touriste*.

D'abord, le pays lui sembla atrocement plat et triste. Le meilleur hôtel de la ville lui fit l'effet d'une exécrable auberge. La cathédrale seule trouva grâce devant lui, — et surtout le jardin de l'archevêché, qui l'avoisine.

« La découverte de ce joli jardin, — dit-il, — où l'on trouve des ombrages sombres par une journée de soleil éclatant, a été un véritable bonheur pour moi. Le repos sous ces vieux arbres était délicieux. Peut-être ce jardin ne me semble si beau qu'à cause de la laideur amère des plaines que je viens de traverser... J'y ai trouvé un monument élevé à un grand citoyen qui a perfectionné les moutons.

» Je me suis aperçu qu'un grand mur, situé à vingt pas de moi, était criblé de balles. Voici un des inconvénients du voyage que je fais en dehors de la société et des savants de province : je n'ai pu savoir qui avait tiré ces balles. Malgré toutes mes grâces, aucun des rares promeneurs, d'ailleurs fort polis, n'a pu me l'apprendre.

» J'ai su que monseigneur voudrait bien fermer ce jardin au public, — sous prétexte qu'autrefois les archevêques de Bourges, seuls, en avaient la jouissance. »

SENS

Autre statue.

Celle-ci va être inaugurée à Sens en Senonais.

Elle ne froissera aucune opinion, elle n'ira réveiller aucun parti.

C'est la statue d'un brave homme d'artiste du xvi° siècle, Jean Cousin, qui fut à la fois peintre et sculpteur, et même quelque peu architecte, à la façon de Michel-Ange.

Il y a, en effet, plusieurs points de rapport, toutes proportions gardées, entre Jean Cousin et Michel-Ange.

L'un et l'autre travaillèrent constamment, furent de grands savants dans leurs professions, fréquentèrent les princes et moururent très vieux. Tous les deux ont peint un *Jugement dernier*;

mais ici la comparaison ne peut être soutenue, et je l'abandonne.

Ce n'est pas précisément à Sens, c'est près de Sens, à Soucy, que Jean Cousin naquit, vers 1501, dans un petit manoir flanqué de quatre tourelles aux clochetons pointus. Sa jeunesse, ses commencements sont enveloppés d'obscurité. On sait seulement qu'il s'enrôla parmi les peintres verriers de sa province, qui étaient particulièrement excellents. Cet art, sur le point de disparaître, jetait encore quelques brillantes lueurs. Jean Cousin y devint bientôt un maître. Les vitraux dont il décora l'église métropolitaine de Sens sont demeurés célèbres.

« Sa manière belle et large, — a dit Alexandre Lenoir, qui l'a beaucoup étudié, — rappelle les cartons des grands maîtres. Les nus y sont traités par de grandes hachures aussi simples que celles dont on pourrait se servir pour l'exécution d'un dessin sur papier. Le trait et l'expression des figures sont admirables, et ces peintures savantes ont plutôt l'air d'être peintes sur toile que sur verre. Jean Cousin donnait à ses draperies les couleurs les plus éclatantes; il les formait avec des chaux métalliques d'or, d'argent et de cuivre, qu'il rendait transparentes en les faisant pénétrer dans le verre par l'action du feu. Il revenait une seconde fois pour les ombres, qu'il composait avec des oxydes de fer, et fondait le tout ensemble au fourneau. »

Existence tranquille, d'ailleurs.

Il se maria à Sens avec Nicole Rousseau, fille de Lubin Rousseau, lieutenant général au bailliage. Une fois marié, il se fit construire, sur ses dessins, une délicieuse maison qu'on montre encore et dont on vante surtout l'escalier.

La vie de Jean Cousin paraît avoir été partagée entre Sens et Paris. Il vit les règnes de Henri II, de François II, de Charles IX et de Henri III, et il reçut de ces souverains plusieurs marques de haute considération. Ses travaux durent être nombreux, mais, par une inconcevable fatalité, très peu sont parvenus jusqu'à nous.

Le Louvre a son *Jugement dernier*, qui est une toile importante et qui suffirait à justifier sa réputation. Mais c'est surtout comme sculpteur que Jean Cousin s'affirme avec son tombeau de Philippe de Chabot, grand amiral de France.

Profondément instruit en plusieurs matières, Jean Cousin, comme Albert Dürer, a composé plusieurs ouvrages de géométrie et de dessin, qui ont été très souvent réimprimés.

La ville de Sens fait bien d'honorer cet ancêtre de l'école française.

LIESSE

Le prince de Monaco, qui habite pendant l'été le château de Marchais, — dans le département de l'Aisne, — vient de marier la fille de son valet de chambre avec son jardinier en chef.

L'événement n'a peut-être pas grande importance ; mais il sent son opéra-comique d'une lieue. — « Bonjour, monsieur le bailli et monsieur le tabellion ! — Blaise, va-t'en chercher ton tambourin, et faisons danser les jeunesses du pays ! »

En véritable seigneur d'opéra-comique, le prince de Monaco s'était chargé de la noce et du repas, qui a été servi sous la tente. Avant le repas, — et voilà où je voulais en venir, — les mariés et leurs invités sont allés faire une excursion au joli village de Liesse, le bien nommé. Je l'ai traversé autrefois, ce village, et j'en ai gardé un souvenir bien particulier.

C'est à Liesse que se fabriquent tous les joujoux à un sou, joujoux naïfs, joujoux des enfants pauvres : les crécelles, les tambours jaunes, les moulins rouges, les coqs auxquels on souffle dans la queue, les moutons frisés, les caniches aboyants, les trompettes en bois, les singes qui grimpent à l'échelle, les forgerons qui tapent sur une enclume à fleurs, les poupées de carton, les arlequins qu'on fait mouvoir avec une ficelle, les serpents qui se tordent à la main, les grenouilles qui sautent d'elles-mêmes... et tant d'autres !

Liesse a, en outre, une chapelle célèbre et une vierge à miracles, — comme tout village qui se respecte.

VAUCOULEURS

Qui ne sait que la Du Barry est née à Vaucouleurs, comme Jeanne d'Arc? Plusieurs historiens ont même essayé de la rattacher à la famille de l'héroïne française. Tout est possible.

Un écrivain clérical, feu Capefigue, dont les procédés historiques font songer aux tendres faiblesses de M. Cousin, s'est répandu en efforts inouïs pour adoucir l'éclat de l'auréole scandaleuse de madame Du Barry. Il veut qu'elle soit d'extraction noble, ou au moins de « noblesse bourgeoise ». Il n'a garde d'omettre la parenté avec Jeanne d'Arc. Le frère Lange, cet oncle Picpus, la risée du xviii° siècle, devient sous sa plume un bon et digne religieux.

« Admirable conseil, — s'écrie-t-il, — et appui pour les familles que ces *bons religieux* qui les protégeaient et les éclairaient avec un zèle sans égoïsme ! Le XVII° siècle ne fut si *austère* et d'un si grand esprit que parce qu'à chaque foyer s'asseyait un *bon religieux*, guide de la jeunesse et de la famille. »

Loin de moi la pensée de blâmer les excellentes intentions de M. Capefigue ! Ramener tout à l'honnêteté, réagir contre les pamphlets, tel est son but, un noble but, sans contredit. Mais de la même façon qu'il demande ses preuves au vice, je demande ses épreuves à la vertu. Il dit : « Qu'on n'attende pas de moi que je copie les infamies souillant l'honneur des *familles des gentilshommes*; je m'en tiendrai aux documents. »

Quels documents ?

Les documents de M. Capefigue.

Voyons toujours.

Frère Lange emmène à Paris sa nièce, la descendante de Jeanne d'Arc, et réussit à la placer dans le couvent de Sainte-Aure, rue Saint-Martin.

« Marie-Jeanne de Vaubernier reçut donc une excellente éducation dans une de ces demeures si paisibles, si attrayantes, au milieu des mille confidences de bonnes amies, de ces petites et innocentes intrigues qui laissent tant de doux et ineffables souvenirs au cœur des jeunes filles. Mademoiselle de Vaubernier s'y montra vive, bonne, d'une humeur facile et enjouée, coquette pour ses habits, pour ses cheveux cendrés qui descendaient jusqu'à ses talons, pour ses yeux fendus sous de beaux cils noirs, pour l'ovale parfait de sa figure, déjà admirable à treize ans. »

Je ne dérange rien à ce pastel. Je ne souligne même pas. Je me contente de suivre M. Capefigue.

« Au sortir du couvent de Sainte-Aure, frère Lange confie Jeanne, sous le nom emprunté de mademoiselle Lançon, à une modiste de la rue Saint-Honoré. Tout autre que l'indulgent historien verrait là une imprudence de la part du bon religieux. Lui n'en juge pas ainsi. « De l'aveu de tous (?), le magasin de madame Labille était honorable ; son mari avait un bureau de loterie à côté. »

Le bureau de loterie est concluant.

Cette tentative de réhabilitation d'une favorite par un écrivain moral est une des choses les plus réjouissantes que je connaisse.

D'ailleurs, on est assez indulgent en France pour la mémoire de madame du Barry. Cela s'explique en deux mots : elle était jolie et elle n'a pas fait de mal. En ces derniers temps, son adorable buste a acquis un degré de popularité incroyable. Il n'est point de salon, de galerie, de cabinet, de mansarde, où ne se profile cette tête élégante et riante, avec ses boucles de cheveux renversées et déroulées.

Au musée de Versailles, dans les salles des portraits, elle est représentée en peignoir de nuit à dentelles, prenant du chocolat.

Il était dans la destinée de cette charmante femme de passer sans façon à travers l'histoire, — comme elle a passé sans façon à travers la cour.

A Vaucouleurs, c'est comme à Paris.

Les femmes s'y suivent et ne s'y ressemblent pas.

LYON

Arriver à Lyon à six heures du matin, par une de ces aurores féeriques que nous font les grands jours d'été, est une sensation que je me propose le plus souvent que je peux.

Ce matin, par exemple, le panorama des rives de la Saône, vu du chemin de fer, m'a paru encore plus beau que de coutume. Une buée chaude enveloppait et baignait les masses épaisses de verdure où se détachent, sur un amphithéâtre de plusieurs lieues, une multitude de villas, de pavillons, de châteaux d'un aspect tout à fait magnifique.

L'effet en serait plus séduisant, plus riant, si la pierre de ces constructions, la pierre du pays, était moins sombre. C'est un défaut général, qu'atténuent mille grâces de détails.

En suivant des yeux le cours pacifique de cet aimable fleuve, je me suis rappelé le mot d'un Lyonnais à un voyageur qui lui demandait si c'était bien là la Saône.

— La Saône, oui, monsieur... *Vous appelez cela la Seine à Paris!*

Les Lyonnais valent quelquefois les Marseillais pour la superbe des réponses.

UNE REVUE A LYON

C'était jour de revue.

Je suis tombé, place Bellecour, au milieu d'un éclatant appareil militaire. Je vous assure que le soleil tapait dru sur les cuirasses et piquait de paillettes de feu les casques et les épées.

Pour n'avoir pas les dimensions du plateau de Longchamp, la place Bellecour n'en est pas moins un joli cadre guerrier. Tout y est disposé au point de vue théâtral comme chez les peintres des XVIIe et XVIIIe siècles. D'un côté, les nobles lignes du palais Bellecour; de l'autre, le coteau de Fourvières, accidenté et *s'arrangeant* comme une riche tapisserie.

Du reste, les habitants de Lyon ne s'étaient pas

dérangés outre mesure pour cette revue, à laquelle chacun des corps de la garnison avait envoyé un détachement, — et qui s'est passé en famille, sous l'œil paternel de la statue de Louis XVI.

MOLIÈRE A LYON

Les souvenirs littéraires abondent à Lyon.

C'est à Lyon que Molière a donné *l'Étourdi* pour la première fois. On est indécis sur le quartier où était située sa salle de spectacle; on suppose qu'il jouait dans des jeux de paume, comme c'était l'usage alors.

Jean-Jacques Rousseau, au temps de sa misérable jeunesse, a bien souvent erré sans gîte dans les rues et sur les quais de Lyon. « J'aimais mieux, dit-il, employer quelques sous qui me restaient à payer mon pain que mon logis, parce qu'après tout je risquais moins de mourir de sommeil que de faim. »

Il a raconté dans les *Confessions* une de ces nuits passées à la belle étoile. C'est une des plus admirables pages de notre langue.

« Je me souviens d'avoir passé une nuit délicieuse dans un chemin qui côtoyait le Rhône ou la Saône, car je ne me rappelle pas lequel des deux. Des jardins élevés en terrasses bordaient le chemin du côté opposé. Il avait fait très chaud ce jour-là ; la soirée était charmante ; la rosée humectait l'herbe flétrie ; point de vent, une nuit tranquille ; l'air était frais sans être froid. Le soleil avait laissé dans le ciel des vapeurs rouges dont la réflexion rendait l'eau couleur de rose.

» Absorbé dans une douce rêverie, je prolongeai fort avant dans la nuit ma promenade sans m'apercevoir que j'étais las. Je m'en aperçus enfin. Je me couchai voluptueusement sur la tablette d'une espèce de niche ou de fausse porte enfoncée dans un mur de terrasse ; le ciel de mon lit était formé par les têtes des arbres ; un rossignol était précisément au-dessus de moi, je m'endormis à son chant. Mon sommeil fut doux, mon réveil le fut davantage.

» Il était grand jour ; mes yeux, en s'ouvrant, virent l'eau, la verdure, un paysage admirable. Je me levai, me secouai ; la faim me prit, je m'acheminai gaiement vers la ville, résolu de mettre à un bon déjeuner deux pièces de six blancs qui me restaient encore. J'étais de si bonne humeur que j'allais chantant tout le long du chemin, et je me souviens même que je chantais une cantate de Batistin que je savais par cœur. »

On a retrouvé la *niche* du philosophe, — qui mérite ici le nom de poète, — et on l'a pompeusement appelée : la *grotte de Rousseau*. — Elle est située aux Étroits, en face de la presqu'île Perrache.

Les poètes lyonnais l'ont chantée, cela va sans dire ; un d'entre eux, M. Kauffmann, a même essayé d'ajouter à son prestige :

> Aux portes de Lyon, sur les bords où la Saône
> Semble hâter ses pas pour embrasser le Rhône,
> Une grotte profonde, asile du plaisir,
> Offre une ombre à l'amour, un gazon au désir,
> L'auteur y vient rêver ; Rousseau dans son jeune âge
> Se plut à s'égarer sur cet heureux rivage ;
> Un rocher l'abrita contre les feux du jour,
> Et son nom a depuis illustré ce séjour.

A en croire M. Kauffman, la *grotte de Rousseau* ne serait rien de moins qu'un lieu de rendez-vous, — assertion que je n'ai pas eu le loisir de vérifier.

Au Grand-Théâtre, j'ai vu un acte de *la Biche au Bois*, jouée par une troupe de passage.

C'est un chien qui représente la biche, — un grand lévrier acheté à Offenbach. Le public admet parfaitement cette substitution. Il est vrai qu'on recouvre le doux animal d'une tête et d'une peau de biche ; — il se prête avec intelligence à ce travestissement et n'a point encore compromis la pièce.

Je pars demain pour Genève.

En passant par Lyon, j'ai trouvé l'opinion fort émue par le procès Santallier.

M. Santallier est cet avocat qui, voulant tuer un avocat, s'est trompé d'avocat et a tué un avocat quelconque, à la place de l'avocat qu'il avait l'intention de tuer.

Rien de plus clair que cette affaire. Il y a eu malentendu, — et M. Santallier proteste énergiquement de sa bonne foi.

— Je n'en voulais aucunement à l'avocat que le hasard a placé devant mon revolver, dit-il; je le connaissais à peine... Il y a erreur... Vous ne pouvez pas me condamner pour un meurtre que je n'ai pas eu l'intention de commettre.

Mais la magistrature n'entend pas de cette oreille.

— Vous êtes un homme très emporté, lui dit-elle par l'organe de son président; tout jeune, au collège, vous aviez déjà donné les preuves de votre caractère violent : on vous a vu poursuivre un de vos camarades: vous étiez armé, en guise de poignard, *d'un étui à lunettes*.

Je copie la *Petite Presse*, de Lyon.

M. Santallier répond qu'il ne se souvient pas

de ce fait (je le crois sans peine), et que, « s'il fallait éplucher la conduite des collégiens, la cour aurait beaucoup à faire ».

Le président tire un autre meschief de son carquois, — c'est-à-dire de son dossier :

— Est-il vrai, comme le dit Marie Coquempot, que fréquemment, dans des accès de colère, *vous frappiez les arbres avec votre canne ?*

La fille Coquempot revient souvent dans cet interrogatoire.

On demande à M. Santallier quelle était la nature de ses relations avec Marie Coquempot.

M. Santallier, étonné, répond qu'en sa qualité de célibataire il n'a à rendre compte à personne de ses *sentiments*. Pour un peu, il objecterait qu'il « n'est pas de bois ».

Jamais on n'a vu la magistrature serrer un homme d'aussi près et d'une façon aussi... indiscrète.

Pour une fois qu'elle tient un avocat, elle lui fait la vie dure.

AMANDA ET AMANDUS

Qui le savait? ou, du moins, qui est-ce qui s'en souvenait?

Amanda est un personnage historique; Amandus en est un autre.

J'ai retrouvé leur origine.

Tous les deux sont de Lyon; ils y ont leur légende, ils y ont — ou ils y ont eu — leur tombeau. Ce sont *Amants lyonnais* l'Henriette et le Damon du faubourg de Vaise, l'Héloïse et l'Abélard du département du Rhône.

Et savez-vous ce qui m'a remis sur la trace un peu confuse d'Amanda et d'Amandus?

C'est un tome de *Tristram Shandy*, un de mes livres de chevet.

Ce tome (le cinquième de l'édition que j'ai sous les yeux) renferme le second voyage de Sterne en France, — un voyage tout aussi *sentimental* que le premier, tout aussi humoristique, et embrassant plus de localités.

Pourquoi est-il donc moins populaire? Pourquoi ne le réimprime-t-on pas à part?

Le succès en serait assuré.

Dans ce second voyage, Tristram, — ou Sterne, — ou Yarick, — visite Boulogne-sur-Mer, Amiens, et risque de passer à Chantilly sans admirer ses *écuries et ses merveilles.*

Il est soucieux, bourru; son esprit est autre part.

« Je traversai Saint-Denis sans tourner ma tête du côté de l'abbaye. Richesses de son trésor, colifichets inutiles!... Eh! messieurs, rabattez de vos joyaux, ils sont presque tous faux; je n'en donnerais pas trois sous, excepté la lanterne de Judas. Il commence à faire obscur, elle pourrait me servir. »

Il brûle Paris cette fois.

« — Flic flac! Flic flac! fait le postillon.

» — Eh! mon ami! s'écrie Sterne en passant la tête par la portière, quel bruit tu fais! Comme s'il importait à ces bonnes gens de savoir qu'un homme maigre, à mine blême, et empaqueté de noir, a l'honneur d'être voituré dans Paris, à neuf heures du soir, par un postillon en veste jaune, tannée, doublée de calemande rouge!

» — Flic flac! Flic flac!

» — Encore?... Oh! tu es insupportable, et je voudrais que ton fouet... *Mais c'est l'esprit de la nation...* — Ainsi, courage : flic flac! flic flac! »

Il y a un mot un peu dur pour nous ; c'est celui que j'ai souligné. Dur, mais juste.

La description de Fontainebleau tient quatre lignes, — les villes d'après, à l'avenant.

« Vous expédierez Sens en deux mots : c'est un siège archiépiscopal.

» Pour Joigny, le moins qu'on en parle est le meilleur.

» Mais pour Auxerre, je m'y fixerais volontiers. »

Il ne faut pas discuter avec les préférences de Sterne ; on y perdrait son temps.

A Lyon, il ne veut voir que deux choses — deux choses, pas davantage : l'horloge de Lippius de Bâle à la cathédrale, et le tombeau d'Amanda et d'Amandus.

« Tout le monde, dit-il, connaît l'histoire de ces deux amants séparés l'un de l'autre par de cruels parents et par un plus cruel destin :

» Lui, — Amandus ;

» Elle, — Amanda ;

» Ignorant chacun le chemin qu'a pris l'autre ;

» Lui, — à l'Orient ;

» Elle, — à l'Occident ;

» Amandus, fait captif par les Turcs et mené à la cour de l'empereur de Maroc, où ce prince, dépité de son amour pour Amanda, le retint vingt ans en prison ;

» Amanda, errante pendant ce temps-là, les pieds nus et s'arrachant les cheveux, courant sur les rochers pour y demander son cher Amandus.

» — Amandus! Amandus!

» Enfin, *après avoir parcouru trois fois le monde*, un hasard inattendu les amena, au même moment de la nuit, par des chemins divers, à la porte de Lyon, leur pays natal.

» Ils volèrent mutuellement dans leurs bras, et y expirèrent de joie.

» On consacra à leur fidélité mutuelle un tombeau hors des portes de la ville; et les amants sont venus, jusqu'à ce jour, attester la vérité de leurs serments sur ce monument respectable. »

Telle est la véridique histoire d'Amanda et d'Amandus racontée par Sterne, qui ajoute : « De tout ce que Spon et les autres historiens de Lyon nous ont légué, voilà ce qui me convient le mieux. Cette châsse, toute grossière qu'elle soit, me semble aussi précieuse que celle de la Mecque, et je m'étais toujours promis d'y faire tôt ou tard un pèlerinage. »

Aussi prend-il à peine le temps de rajuster sa perruque; il se précipite, il arpente le sol.

« Comme je connaissais la géographie de la tombe des deux amants aussi bien que si j'avais vécu vingt ans à Lyon, je savais qu'elle était positivement à main droite en sortant de la porte de Vaise. »

Sterne se dirige donc vers la porte de Vaise; son cœur palpite; avant d'arriver, il s'arrête, comme suffoqué par l'émotion, et c'est d'une voix entrecoupée qu'il prononce cette apostrophe :

« O Amanda! ô Amandus! Mânes tendres et fidèles! Il y a longtemps, bien longtemps, que j'ai fait vœu de verser sur votre tombe cette larme... cette larme qui... cette larme... »

Mais Sterne demeura court et stupéfait.

Il n'y avait plus de tombeau pour recevoir cette larme. Désappointé, Sterne tourna lentement les talons.

Qui sait si, assise au seuil de sa porte et le regardant moqueusement, une vieille *gouelle* ne fredonna pas quelque chose d'analogue à ce refrain :

Voyez ce bel Anglais-là :
C'est l'amant d'A...
C'est l'amant d'A...
C'est l'amant d'Amanda !

Deux heures après, notre *voyageur sentimental* prenait le bateau pour Avignon.

Il alla deçà, delà. Il parcourut Lunel, Montpellier, Pézénas, Béziers, Narbonne, Carcassonne, Castelnaudary, tantôt à pied, tantôt sur

une mule, saluant au passage pèlerins, moines
musiciens, et « ne passant jamais auprès d'une
femme montée sur un mûrier sans lui vanter la
finesse de sa jambe ».

On ne voyage plus de la sorte.

LES VENDANGES

Les vendanges !

Un sujet qui intéresse tout le monde : le vin
qu'on boira.

Comment sera-t-il, ce vin ? O les anxiétés des
vignerons ! ô les inquiétudes des consommateurs !
Combien d'entre eux, si Bacchus avait une chapelle, iraient y faire brûler un cierge pour l'heureux destin des vendanges !

> Dans une vieille écorce grise,
> Jean Raisin a passé l'hiver ;
> Il est en fleur, le voilà vert ;
> Jean Raisin ne craint plus la bise.
> Il est joufflu, blanc et vermeil.
> Le voilà vin ! Toute sa force,
> Ruisselant de sa fine écorce,
> S'échappe en rayons de soleil !

Est-il rien de plus joli qu'une vigne tapissant
la façade d'une chaumière ? Le cep jaillit de terre,

se développe, s'étend à droite, à gauche, et encore par là, et encore par ici ; il monte, il court, multipliant ses brindilles, ses volutes légères, ses vrilles folles ; étalant la largeur de ses feuilles, si artistiquement découpées, que l'antiquité les avait choisies pour être préposées à la pudeur des marbres; suspendant ses grappes transparentes avec un profond sentiment de l'arrangement... — Non, je ne sais pas de plus gai tableau !

« La vigne est l'emblème de l'amitié, — a dit Toussenel ; — elle grimpe familièrement sur l'épaule des ormes, des oliviers, des pruniers et des frênes; elle tutoie tous les arbres. Le sarment est l'emblème de la conduite du laborieux artisan, toujours disposé à se tordre et à se mettre en quatre pour le bien de l'humanité. La fleur est pauvre et sans éclat; elle n'a point de corolle, — la corolle est le nid nuptial des plantes, — mais elle embaume l'air des senteurs les plus suaves aux jours de la Saint-Jean. »

> Le vin, les vers, les melons
> Sont mauvais s'ils ne sont que bons.

Qui est-ce qui a dit cela ? — Un homme d'esprit, le président de La Monnoye.

Je suis complètement de son avis en ce qui concerne les vers et les melons. Mais, pour le vin, c'est une autre affaire, et je me déclare son humble serviteur même lorsqu'il n'est que bon.

Qué bon! — Eh! mais, n'est-ce pas déjà fort satisfaisant? Je me contente parfaitement de ce *que bon*. Je dirai même plus : il y a des jours où, sous l'influence d'une disposition particulière et *bonne enfant*, je m'accommode plutôt d'un vin qui n'est que bon que d'un vin qui est supérieur.

Ce sont les jours où je me sens en humeur de dîner sous la tonnelle, en manches de chemise, avec le soleil au bout de mon horizon. Les grands crus n'auraient que faire alors sur une table vermoulue, dans cette humble mise en scène de Meudon ou de l'île de Nogent. J'irai même plus loin : ils jetteraient un froid.

Le vin de Château-Laffitte, pour ne citer que celui-là, qui est le prototype du grand cru, m'inspire du respect, — autant qu'un tableau de Raphaël. C'est la même correction, la même pureté de lignes, presque la même couleur sobre et juste. J'admire, mais je suis intimidé. Je bois religieusement. Je n'ose pas chanter; il me semble que si j'entonnais une chanson, si petite qu'elle fût, mille regards sévères se tourneraient vers moi.

Au diable la perfection! — Je veux un vin devant lequel je ne sois point tenu à ôter mon chapeau, comme un paysan devant son seigneur;

un vin qui me mette à mon aise et qui ne croie point me faire un honneur de sa compagnie, mais un plaisir.

C'est en pleines vendanges que le bateau à vapeur qui portait M. Gambetta et sa fortune a descendu le Rhône, l'autre jour de septembre 1878.

Sur les coteaux, les bons paysans, tête baissée, coupant les grappes destinées à emplir les charrettes, se retournaient au bruit des acclamations escortant le bateau tout le long des rives.

— Qui est-ce que c'est que ça? demandaient-ils en s'arrêtant, la serpe à la main; un roi?

— Non, répondait un malin.

— Un prince?

— On n'en fait plus.

— Un général, alors?

— Pas davantage... C'est un monsieur.

— Un monsieur? Le règne des messieurs est donc venu?

— Faut croire. Où serait le grand mal?

— Je n'en vois pas. Un monsieur, ça se rapproche encore plus de nous qu'un prince ou qu'un roi. Et qu'est-ce qu'il veut, ce monsieur?

— Il veut que nous vivions tranquilles chez nous, que nous fassions de bonnes récoltes et que nous les vendions bien.

— Comment s'appelle ce monsieur?

— Gambetta.

— Vive Gambetta !

Pendant ce temps-là, la noblesse se voile les yeux.

— Surtout, verrouillez bien la porte charretière ! dit le vidame à Gros-Jean, afin que nous n'entendions rien de ces saturnales !

La chanoinesse à sa bru :

— Un homme en redingote... avec toute sa barbe... remuer ainsi le pays ! Encore s'il avait un grand cordon sur le gilet ! mais rien, rien, une cravate nouée en corde !

— S'il était monté sur un cheval blanc, comme le duc d'Angoulême !

— Ah! le duc d'Angoulême !

— Quel homme !

— Quel cheval !

— A pied, ce monsieur... à pied, comme tout le monde, comme nos domestiques... C'est la fin de tout !

La fin de tout ?

O vidame ! ô vicomtesse ! ô baron ! Laissez-moi vous dire que c'est peut-être le commencement de tout.

Eh bien ! oui, nous en sommes arrivés là : au *monsieur*. C'était fatal !

L'heure du *monsieur* est arrivée.

Ce monsieur a été créé par la Révolution; il fallait s'y attendre. La poésie y perd un peu comme costume, mais la conscience humaine y gagne beaucoup comme dignité.

Un monsieur était mon père, — un monsieur sera mon fils. C'est pour le mieux.

Tandis que je me regarderais comme profondément humilié d'avoir pour aïeul un capitaine des levrettes sous Louis XIII.

Longtemps avant M. Gambetta, Alexandre Dumas avait fait ce même voyage; il l'a raconté avec sa vanité candide et souriante :

« En 1840, je descendais le Rhône. Embarqué à Lyon à quatre heures du matin, je m'étais endormi vers onze heures ou midi sur le pont, à l'ombre de la tente, doucement caressé par cette brise fraîche qui court à la surface des fleuves.

» C'était une si douce chose que ce sommeil, que, deux ou trois fois éveillé à moitié par un accident quelconque, je n'avais pas voulu rouvrir les yeux de peur de m'éveiller tout à fait. J'étais donc resté immobile, la raison suspendue au-dessus de ce vague qui accompagne le crépuscule du sommeil, quand, tiré de ma béate rêverie par une troisième ou quatrième secousse, je sentis pénétrer pour ainsi dire, dans le demi-jour de mon cerveau, quelques mots prononcés en français par des voix de femmes teintes d'un léger accent anglais.

» Je rouvris doucement les yeux, et, regardant avec précaution autour de moi, je distinguai, entre mes paupières closes aux trois quarts, un groupe composé de deux jeunes femmes de dix-huit à vingt ans, d'un jeune homme de vingt-six à vingt-huit, et d'un homme de trente-quatre à trente-six.

» Les deux femmes étaient charmantes, non seulement de leur propre beauté, mais encore de cette grâce naïve et presque nonchalante toute particulière aux Anglaises.

» Les deux hommes étaient remarquables de distinction.

» Il y avait discussion dans le groupe.

» La discussion roulait sur l'itinéraire à suivre : descendrait-on à Avignon? pousserait-on jusqu'à Arles?

» — Il faudrait, hasarda une des deux femmes, que quelqu'un qui eût fait le voyage par Arles et par Avignon voulût bien nous renseigner.

» Ce souhait semblait envoyé à mon adresse. J'avais fait trois ou quatre fois la route de Lyon à Marseille par le Rhône et par chacune de ces deux villes. Je pensai que le moment était venu de me présenter, et que le service que j'allais rendre à la société voyageuse me ferait pardonner ma hardiesse.

» Je rouvris les yeux tout à fait, et, m'inclinant à moitié :

» — Si ces messieurs veulent permettre à l'auteur des *Impressions de voyage* de les éclairer sur cette grave question, interrompis-je, je dirai à ces dames que mieux vaut aller par Arles que par Avignon.

» Les deux jeunes femmes rougirent; les deux hommes se retournèrent de mon côté avec le sourire de la courtoisie sur les lèvres. Il était évident qu'ils me connaissaient avant que je leur parlasse, et que, pendant mon sommeil, on leur avait dit qui j'étais... »

Mais revenons à nos vendanges.

Connaissez-vous le *vin de la lune?*

Oh! ne rêvez rien de fantastique; vous seriez déçu.

C'est tout simplement le vin qui est fait avec du raisin maraudé la nuit.

On demandait à un enfant, fils d'un de ces vignerons nocturnes :

— Eh bien, petit, ton père a-t-il fait beaucoup de vin, cette année ?

— Eh! las, répondit l'enfant; il n'y a pas eu beaucoup de lune.

EN SUISSE

A GENÈVE

— Tu te lèves, Jules?
— Oui, ma chérie.
— Au milieu de la nuit?
— Oui.
— Prends bien garde de t'enrhumer... Mais je ne me trompe pas : tu ouvres la fenêtre?
— En effet.
— Pour quoi faire, mon ami?
— Je cherche à voir le mont Blanc.
— Il fait nuit sombre!
— Raison de plus !... quelque chose de blanc se détache bien mieux sur quelque chose de noir.

Place un pain de sucre à cinquante pas d'ici, je me fais fort de l'apercevoir sans lunettes. A plus forte raison le mont Blanc, qui peut passer pour un pain de sucre d'une dimension colossale...

— Allons, reviens te coucher ; tu le verras tout à ton aise demain matin.

Tel était le dialogue, parti d'une chambre d'hôtel voisine de la mienne, par lequel je fus réveillé le soir de mon arrivée à Genève.

Un mari et sa femme, sans doute.

Au point du jour, leur entretien recommença.

— C'est trop fort, s'écria le mari, qui avait couru de nouveau à la fenêtre.

— Quoi donc?

— Pas plus de mont Blanc que sur la main !

— Bah !

— Rien, absolument rien... Il n'y a même pas de montagne un peu élevée. C'est une indignité !

— Calme-toi, Jules.

— Non ! je suis descendu dans cet hôtel sur la foi de mon *Guide*, où il est écrit formellement : « Des fenêtres, on jouit d'une vue magnifique sur les Alpes et sur le mont Blanc. » J'ai droit au mont Blanc !

Disant cela, il s'était jeté sur un cordon de sonnette.

— Que vas-tu faire ? demanda la femme d'un accent effrayé.

— Ne crains rien.

Un garçon entra, disant :

— Monsieur a sonné ?

— Où est le mont Blanc ? demanda le mari d'un ton sévère.

— Là, monsieur.

— Là ? vous voulez rire... c'est un nuage.

— Eh bien, oui, monsieur, le mont Blanc est derrière ce nuage.

— C'est une dérision.

— Pas du tout, monsieur. Le mont Blanc, c'est comme le soleil : il y a des jours où il ne se montre pas.

— Cependant le *Guide* est affirmatif.

— Le *Guide* a compté sans les temps couverts, monsieur.

— C'est bien. Je me plaindrai au bureau.

Ni hommes ni femmes, tous horlogers !

Et aussi quelques fabricants de boîtes à musique.

Ces boîtes à musique, dont les dernières jouent les plus jolis airs des *Cloches de Corneville*, sont enfermées dans des étuis à cigare, dans des tabatières, dans des bouteilles, dans des bougeoirs, — et même dans des objets meublants qu'on ne pourrait désigner sans sourire.

Genève fait commerce de tout.

Elle partage avec Bruxelles la spécialité des publications dites *sous le manteau.*

C'est une ville aimable par excellence.

« Quand je secoue ma perruque, — disait Voltaire en parlant de Genève, — je poudre toute la République. »

Voltaire s'est permis bien d'autres irrévérences sur la cité calviniste :

« Genève la pédante, où il n'y a que des prédicants, des marchands et des truites ! »

Les prédicants, je ne suis point allé les entendre.

Les marchands, je n'ai point eu affaire à eux jusqu'à présent.

Quant aux truites, c'est autre chose ; j'en ai mangé, — encore tout à l'heure, — et je les ai trouvées au niveau de leur réputation.

On m'a promis pour mon dîner un *ombre-chevalier.*

Assis devant la porte d'un café, je demande le *Journal de Genève.*

C'est dans les annonces du *Journal de Genève* que se révèle le caractère tranquille et doux du Suisse :

« Un jeune homme âgé de vingt-trois ans, actif et *fidèle*, cherche à Genève ou aux environs une place de valet de chambre. »

Fidèle ! Claude Anet ne se fût pas exprimé autrement.

« Une dame *sérieuse*, parlant plusieurs langues, désire se placer comme gouvernante. »

Sérieuse ! Cela veut dire qu'il n'y a rien à faire pour les polissons..

Un peu plus loin, madame la comtesse de Rothkirch-Erach, née de Gersdorff-Barsdorff, prend la parole en ces termes :

« Je cherche une jeune personne bien élevée, parlant parfaitement bien le français, pour être auprès d'un garçon de trois ans et demi. »

L'annonce-monologue ! Je ne la connaissais pas encore.

Après déjeuner, une promenade sur le lac est fortement recommandée aux voyageurs.

En conséquence, je pris passage sur un de ces immenses paquebots qui peuvent contenir autant de monde que la salle du théâtre de la Porte-Saint-Martin.

Ce paquebot s'appelait le *Mont-Blanc*.

— Quelle ironie ! murmura tout à coup quelqu'un derrière moi.

A la voix, je reconnus le mari de la nuit dernière.

Je crus devoir apporter quelque baume à sa douleur en lui affirmant que, d'ici à quelques heures, il ne manquerait pas d'apercevoir le géant des Alpes.

Il hocha la tête d'un air navré.

— Non, monsieur, répondit-il, j'y ai renoncé. Ce matin, le temps était trop couvert ; à présent, il y a trop de vapeurs dans l'air.

Et, avec un ricanement plein d'amertume :

— Le mont Blanc ne reçoit pas... Et dire cependant que je le vois tant que je veux à Lyon, du haut de Fourvières ! C'était bien la peine de venir en Suisse !

Que pouvais-je répondre à cet infortuné ?

Je le laissai à son désespoir pour examiner le tableau classique que j'avais devant les yeux.

Le lac Léman — ou le lac de Genève — mérite son surnom de *Méditerranée des Alpes*.

Comme toutes les belles choses, il n'a pas échappé à la moquerie. Un Lyonnais fort spirituel, poète et musicien, du nom de Maniquet, l'a célébré dans une composition intitulée : *Voyage en Aile-Vessie*.

J'en ai entendu chanter les premières strophes :

> Nous allons donc naviguer sur le lac de Genève !
> Nous allons donc naviguer ;
> Ne faudra pas nous noyer.
> Car celui-là qui tomberait dans l'onde,
> Il pourrait dire en tombant :
> « Adieu, mes bons parents ! »

> Que j'aime ces pivots qui se tournent sur soi-même !
> Et ces grands balanciers
> Qui ont l'air d'être en acier !
> Et ces grandes roues avec leurs palettes !
> Monsieur, cette vapeur,
> Vous fait beaucoup d'honneur.
>
> Nous voyons voguer sur l'eau une belle barque à Rolle ;
> Nous la voyons sur l'eau,
> Mon Dieu ! que c'est donc beau !
> Voyez, messieurs, comme l'air de la nature
> Lui donne l'impulsion
> Qui fait notre admiration !
>
> Que les bords de cette eau sont d'un effet sensible ! *etc.*

Le *Voyage en Aile-Vessie* se continue sur ce ton jusqu'à Berne.

Je n'irai pas aussi loin ; — car je dois être de retour à Genève.

Sachons lâcher la proie pour l'ombre... *chevalier.*

OUEST

ROUEN

C'est par Victorien Sardou — dans sa préface pour son serrurier — que j'apprends que la ville de Rouen vient de donner à l'une de ses rues le nom d'Adrien Pasquier.

Qu'était-ce qu'Adrien Pasquier?

Un humble cordonnier qui a consacré toute sa vie à écrire un *Dictionnaire historique et critique des hommes illustres de la Normandie*.

Et quel dictionnaire! « neuf volumes in-quarto, de onze cents pages chaque, et d'une écriture si fine, que ces neuf volumes en représentent bien quatre-vingts ordinaires », dit M. Sardou.

Pasquier est mort de cette besogne sous la Restauration. Il avait soixante-seize ans environ, et avait toujours vécu dans une misère extrême. Une étrange et attristante figure d'enfant du peuple!

Il habitait dans le quartier malheureux de Rouen, au bout de quelqu'une de ces rues à l'appellation ignoble ou funèbre, rue Tirlinceul, rue Bassesse, rue des Matelas, rue des Pénitents, rue de la Cage, rue d'Enfer, qui entre-croisaient leur misère bien loin des pas et des yeux du riche, dans une de ces maisons en bois, si belles pour le peintre qui les voit, si horribles pour le pauvre qui les habite.

Auguste Luchet, qui paraît avoir été très particulièrement renseigné, a laissé un portrait d'Adrien Pasquier, dans *le Nom de famille,* un livre splendidement écrit, qui a la violence et souvent l'injustice d'un pamphlet.

« C'était, a-t-il dit, un grand et beau vieillard, à la mine riante, au front haut et puissant. Le génie brillait dans ses yeux bleus; sa tête, que soixante ans de travaux et de veilles avaient dépouillée, se dressait majestueuse sur ses larges épaules, belle comme les têtes de moine de Lesueur et de Zurbaran. Une lanière de cuir éraillée par l'usage serrait autour de lui une espèce de froc en grosse flanelle bleue; il avait des sabots aux pieds et fumait dans une pipe de terre.

» Le mobilier de sa chambre n'était guère de plus riche apparence que lui : un poêle en faïence verte, servant aussi de cuisine, où brûlaient quelques restes de tourbe à l'odeur âcre et malfaisante; un lit de sangle à demi caché sous des rideaux de cotonnade flaminée; une table en bois blanc peint à l'encre, toute hachée de dessins bizarres faits à la pointe du couteau, couverte de papiers et de livres; trois ou quatre tablettes clouées à la muraille nue, sur lesquelles on voyait, jetés pêle-mêle, des manuscrits, des formes de cordonnier, du pain, du cuir de semelle, un étrange fouillis de tire-pieds, de plumes, de tiges de bottes, d'images d'almanachs, les bustes de Voltaire, de Necker et de Turgot; un antique fauteuil abîmé de vermoulures; pour plancher, de la terre battue, aussi dure aux pieds que le pavé de la rue; pour plafond, des solives irrégulièrement équarries, d'un bois que deux cents ans de fumée avaient rendu impossible à reconnaître, auxquelles pendaient des harengs saurs, de la botanique en guirlandes, des seaux à incendie, une écharpe de municipal, etc., etc.

» Voilà comment était logé cet homme; et, de cet homme au milieu de tout cela, et de tout cela autour de cet homme, de ces témoignages inconciliables du travail de l'intelligence et du travail des mains, du contraste d'un dénuement si complet, avec une sérénité si consolante, résultait vraiment une conclusion imposante, un grand fait philosophique, superbe pour l'homme, déplorable pour la société. »

Dix ans après, Adrien Pasquier, paralysé, presque aveugle, mourant de faim, était jeté hors de son taudis et porté sur une civière à l'hôpital, où il mourut.

Son corps fut livré aux carabins.

Selon M. Victorien Sardou, le manuscrit du *Dictionnaire* a été acheté par la bibliothèque de Rouen pour la somme totale de *quatre cents francs*.

Mais, s'il faut en croire Auguste Luchet, il avait déjà été, quelques années auparavant, l'objet d'une offre moins généreuse. On l'avait pesé, chaque volume était de dix livres; ainsi les neuf faisaient quatre-vingt-dix livres à six sous la livre.

Enfin réparation est faite. Le malheureux cordonnier a maintenant sa rue après soixante ans d'oubli.

. . . .

J'ai appris en voyage la mort d'Edmond Morin.

Il était Normand comme Louis Bouilhet, Normand du bon coin, Normand par la coloration ardente du visage et de la barbe, par l'œil malicieux et observateur, par son nom même de Morin. — N'a-t-il pas mis un frontispice plein de verve à une plaquette que les amateurs se disputeront plus tard : « *les Tripes*, par deux Normands? » L'autre Normand, celui qui a tenu la plume, est M. Gustave Levavasseur.

La verve! je viens de dire la qualité maîtresse du talent d'Edmond Morin. L'avenir lui fera une belle place parmi les dessinateurs et les illustrateurs de son temps. Les critiques qui écriront sur lui insisteront alors sur cette verve qui devenait fréquemment de la furie, du vertige. Dès que cet homme si doux était en possession de son sujet, c'était une véritable bataille avec son papier. De là des parafes, des tire-bouchons auxquels il ne fallait pas regarder de trop près. Edmond Morin sacrifiait tout à l'effet ; il y avait en lui du décorateur de théâtre.

Il me souvient qu'un de mes libraires lui demanda un jour un portrait de Fréron à l'eau-forte pour un de mes ouvrages. Morin, qui ne refusait aucune espèce de travaux, se rendit incontinent au Cabinet des Estampes et s'inspira d'une gravure de Cochin. Cochin ! le plus froid et le plus correct des dessinateurs du xviii° siècle ! Cochin était bien l'homme qu'il fallait pour faire le portrait de Fréron, le plus sec et le plus pédant des écrivains. Mais Edmond Morin était certainement celui qui convenait le moins à cette besogne, et je le vois encore complètement dépaysé entre ces deux bonshommes à la glace.

Comment il s'en tira? Fort spirituellement, selon son habitude, trop spirituellement même. Il se laissa emporter par sa pointe et mit un parafe au nez de Fréron, à ce nez busqué et professoral qui faisait trembler son siècle. N'importe, je recommande cette eau-forte aux curieux. On y voit, dans un coin, un petit Voltaire déroulé comme un serpent et menaçant Fréron de sa terrible plume.

ÉCHAUFFOUR

L'AUBERGISTE D'ÉCHAUFFOUR

Échauffour est un village de basse Normandie qu'on ne saurait traverser sans s'arrêter à son auberge. Elle est tenue par un homme qui s'entend aussi bien à tourner une chanson ou un sonnet qu'à faire un ragoût. Écoutez M. Paul Harel, l'auteur de *Gousses d'ail* et *Fleurs de serpolet:*

> Rêveurs, vous connaissez mes fruits
> Et l'arbre normand qui les porte.
> Gourmands, vous savez qui je suis :
> Mon enseigne pend à ma porte.
>
> Le parfum s'échappe au printemps
> Des fleurs que le soleil entr'ouvre ;

> Les fumets sortent en tout temps
> Des casseroles qu'on découvre...

L'aubergiste d'Échauffour n'est pas, comme on pourrait le croire, un produit absolu de la nature; c'est un esprit très cultivé. Il voit sa profession sous un côté poétique et trouve souvent des accents élevés pour décrire des choses vulgaires en apparence. Il est de l'école de Pierre Dupont, de Gustave Mathieu, d'Auguste de Châtillon. Appliquez un peu la réflexion de votre odorat sur cet intérieur :

> Au dehors, le brouillard vous happait à la gorge :
> Ma cuisine, au dedans, flambait comme une forge.
> Aux cendres du foyer, le pot-au-feu normand
> Sommeillait comme un juste et ronflait en dormant.
> Les tripes sanglotaient tout bas dans leurs terrines ;
> Des parfums nourrissants montaient dans les narines ;
> Le gigot se vautrait sur les oignons confits ;
> Les poulets écrasaient leurs lits de salsifis...
> Bientôt le tournebroche, huilé comme un athlète,
> Malgré ses soixante ans prit sa part de la fête,
> Ahannant, chevrotant et toussant par moments,
> Chantant de petits airs surannés, mais charmants ;
> Cependant que, suant dans sa peau blanche encore,
> La dinde, à chaque tour de broche, se colore.

Voilà des alexandrins assurément fort bien faits. Mais M. Paul Harel ne consacre pas exclusivement sa verve aux choses de la gastronomie.

Les champs l'attirent aussi; il s'échappe quelquefois de sa cuisine pour sacrifier à l'églogue ; il piétine dans l'herbe mouillée, il court à travers les bois, il s'enivre de lumière et de chants d'oiseaux, — et c'est alors qu'il s'écrie en levant ses yeux extasiés vers le ciel :

> O bonheur ! n'être plus l'homme qui se morfond
> A maintenir les œufs dans le beurre qui fond !

Un beau cri et deux beaux vers !

Je m'accoutume au cidre.

Cela ne sera jamais une passion, ni même un amour, — mais cela pourra quelquefois être un caprice.

Dans ce cas, il me faudra toujours comme toile de fond un paysage normand.

Un paysage normand est chose peu compliquée ; il se compose invariablement d'un toit de chaume agrémenté de quelques fleurettes. A droite, un pommier ; — le long de ce pommier, une échelle, — sur cette échelle un cotillon rouge ; — un gars au bas de ce cotillon.

Vous voyez comme c'est simple.

Quelquefois il y a une variante : c'est le gars qui est sur l'échelle, et c'est le cotillon rouge qui est au bas.

Alors, ce riant tableau sous les yeux, placez

devant moi un pichet de cidre, — et je me laisserai faire. Je ne demande pas un ciel d'Italie, je me contenterai du ciel normand, un peu *bas de plafond* et gris pommelé comme ses chevaux.

Au fond, je suis un tempérament plus rustique qu'on ne croit.

Seulement, j'ai de la méfiance.

N'étant pas né et n'ayant pas été élevé à la campagne, — qu'on appelle encore *la nature* dans les collèges, j'hésite quelquefois à me lancer dans les descriptions, si tentantes cependant.

Je crains de me tromper sur les noms des végétaux, sur les essences d'arbres, sur la flore et sur la faune. De là, une timidité qui a peut-être étouffé en moi un émule de Gessner et de Campenon. (Combien y a-t-il de gens, à l'heure qu'il est, qui se souviennent de Campenon?)

Je me rappelle tant d'erreurs commises par mes maîtres, par Balzac, par Eugène Sue, etc., que, lorsque j'écris un roman, je ne dépasse guère cette formule :

Mon héros était assis sous un arbre.

Et je me garde bien d'indiquer quelle espèce d'arbre.

Ou bien encore :

La jeune Edwige tenait à la main une fleur.

Sans préciser si cette fleur est une rose, un bleuet, une anémone ou une tubéreuse.

Comme cela, je suis à l'abri des spécialistes de la critique, — les plus terribles parmi les hommes!

Mais revenons au cidre.

C'est bien la boisson des gars en sabots et des paysannes en bonnet de coton, — la boisson sucrée et sournoise, qui excite les pieds à la danse et les poings à la rixe.

La première qualité du cidre est d'être frais; ensuite de n'être ni trop gras ni trop sec, ni trop rude ni trop doux.

Le meilleur se tire de la vallée d'Auge; mais il y en a d'autres qui sont recherchés des amateurs, tels que le cidre mousseux de Pont-l'Évêque, — ou plutôt le cidre Floquet, comme on l'appelle.

Cela se boit sur l'air des *Cloches de Corneville*.

ARROMANCHES

Arromanches est un petit village situé au bord de la Manche, entre Asnelles et Port-en-Bessin. On s'y rend par la voiture de Bayeux; c'est une affaire d'une heure et d'un franc. — Le chemin est charmant, fleuri, plein de ces pommiers fameux et de ces vaches classiques, honneur de la Normandie.

Le village, ceint de remparts du côté de la mer, est abrité par une imposante falaise, une des plus belles du littoral.

Arromanches est, depuis quelques années, le séjour favori d'un groupe de vaudevillistes parisiens. Delacour est le gros seigneur de la contrée; il s'y est fait bâtir un château sur un sommet. — Un château! le mot suprême de l'auteur dramatique arrivé!

En même temps que Delacour, on aperçoit quelquefois sur la plage, — assez médiocre, entre parenthèse, — nu-jambes et le filet à l'épaule, M. Adolphe Belot, M. Paul Saunière, M. Siraudin, M. Alfred Hennequin, quatre ou cinq autres encore.

L'autre jour, à l'aide d'une lorgnette, je les ai vus tous réunis à quelque distance en mer, dans un canot immobilisé par l'ancre, et immobiles eux-mêmes.

— Que faisaient-ils là dedans? Je crois bien qu'il s'agissait d'une lecture.

Un pendant à *Coco* ou à *Bébé*.

Arromanches a ses pages d'histoire.

La plus curieuse, sinon la plus importante, est celle qui a rapport au coup de main qui y fut exécuté pendant les Cent-Jours par une petite fraction de l'armée royale.

Cette aventure, qui devait plus tard servir de modèle à des échauffourées du même genre, mérite d'être rappelée. — Qui sait si elle ne fournira pas un *sujet* à M. Alfred Hennequin ou à M. Saunière?

Voici les faits.

Cent cinquante-quatre hommes réunis à Jersey sous les ordres du duc d'Aumont et du maréchal de camp vicomte de Saint-Simon, résolurent de reconquérir la France sur l'usurpateur Napoléon Ier, revenu fantastiquement de l'île d'Elbe. S'inspirant des traditions de Quiberon, ces cent cinquante-quatre hommes convinrent d'effectuer une descente sur les côtes de la basse Normandie.

On était au commencement de juillet 1815.

Ils avaient pour talisman un drapeau brodé des mains de la duchesse d'Angoulême. — Comment ne pas vaincre avec un tel signe !

La petite troupe, animée d'un noble enthousiasme, s'embarqua à Jersey le 5 juillet.

Le duc d'Aumont, chef de l'expédition, montait le brick *la Bermuda* avec son état-major et quelques autres officiers, en tout vingt-cinq hommes. Le reste était réparti sur deux bâtiments de transport.

La traversée n'offrit aucun incident particulier.

On arriva en vue des côtes normandes dans la nuit du 6 au 7.

C'était parfait. Mais on ne pouvait débarquer sans renseignements.

Pour s'en procurer, le brick jeta le grappin sur un pêcheur qui rentrait.

— Où sommes-nous ? lui demanda le duc d'Aumont, qui daigna lui-même l'interroger ?

— Presque en face d'Arromanches.

— Je m'en doutais. Et ce point, qui semble plus noir que les autres ?

Le pêcheur parut hésiter.

— Parleras-tu? murmurèrent quelques officiers.

— Ce point noir... c'est une redoute.

— Diable!

— Pourvue de plusieurs canons de gros calibre, ajouta le pêcheur.

Il y eut un moment de silence parmi les royalistes, qui s'étaient bien attendus à quelque chose comme cela. Évidemment ils n'étaient pas partis pour aller au bal.

Le duc d'Aumont continua ainsi l'interrogatoire :

— La côte est-elle autrement défendue?

— Je le crois ben! s'écria le pêcheur.

— Par qui?

— Par les postes de douaniers d'abord, qui sont très nombreux.

— Et ensuite?...

— Ensuite... par quatre cents chasseurs à cheval du 7ᵉ régiment, faisant partie de la garnison de Caen.

— Quatre cents?

— Pas un de moins.

Le duc d'Aumont se retourna vers ses gentilshommes.

— La descente ne me paraît guère possible dans ces conditions, dit-il.

— Nous sommes de l'avis de monseigneur.

— Que faire ?

La mer et les vents se chargèrent de couper court à cette indécision.

Une forte brise du Nord s'éleva et poussa *la Bermuda* sur les rochers du Calvados, situés en vue d'Arromanches, à une demi-portée de canon de la redoute.

La Bermuda s'y échoua vers quatre heures du matin, c'est-à-dire au jour.

Grand émoi dans le clan des gentilshommes devenus parfaitement visibles à l'œil nu.

La redoute, à laquelle l'éveil venait d'être donné, commença un feu bien nourri. Ses boulets portant sur les amures et les haubans rendirent la position excessivement difficile pour le brick.

Son équipage employa deux heures à des efforts prodigieux pour se remettre à flot.

Inutile !

La marée qui descendait, — descendait impitoyablement, — laissa bientôt le bâtiment engagé sur toute la longueur de sa quille.

Il faisait peine à voir.

Et le duc d'Aumont aussi.

La batterie d'Arromanches tonnait toujours.

Il fallait prendre un parti, cependant.

La petite troupe finit par le comprendre.

Les vingt-cinq hommes qui accompagnaient le duc d'Aumont le pressèrent de vouloir bien leur permettre de tenter un débarquement dans les chaloupes.

C'était un effort désespéré. Le noble duc eut la magnanimité d'y consentir.

— Soyez héroïques! leur dit-il.

Ils le furent, si l'on en croit la relation autographe de M. de Guernon-Ranville, témoin et acteur de ce petit drame.

Les vingt-cinq hommes abordent sous le feu des canons et en présence des chasseurs qui couronnent la falaise. (Quatre cents!)

Ils se divisent en deux pelotons de douze hommes chacun.

L'un de ces pelotons sous les ordres du vicomte de Saint-Vallier, suit le rivage.

L'autre, conduit par le colonel Eugène d'Hautefeuille, gravit la falaise afin de prendre la redoute à revers.

M. de Guernon-Ranville faisait partie de ce second détachement.

« Plus leste que mes camarades, dit-il, je m'élance, je franchis les revêtements de la redoute, et je me précipite au milieu de la batterie en poussant le cri de « Vive le roi! » Les canonniers surpris abandonnent leurs pièces, et toute la garnison prend la fuite. »

Plusieurs choses m'étonnent dans ce récit.

En premier lieu, la surprise des canonniers.

Depuis deux ou trois heures, ils canonnent cette petite troupe; ils la voient s'embarquer dans des chaloupes; ils assistent avec tranquillité à sa descente sur le rivage.

Et ils se montrent surpris!

Drôles de canonniers!

Le second objet de mon étonnement, c'est la fuite de la garnison.

Quatre cents hommes fuyant devant vingt-cinq! Quatre cents chasseurs à cheval devant cette poignée de piétons! Quatre cents soldats se sauvant sans coup férir!

Avouons que c'était faire la partie belle aux révoltés.

Il est vrai que les Cent-Jours touchaient à leur fin, et qu'au bout de quelques heures de marche les royalistes se trouvèrent chez eux.

Voilà des événements dont bien peu d'habitants d'Arromanches se souviennent.

Il faut dire que la plupart ont de bonnes raisons pour cela.

Les uns n'étaient pas encore.

Les autres ne sont plus.

. . . .

Que de collégiens rencontrés !

Sur cette même route d'Arromanches à Bayeux, ils étaient quatre, le képi à l'oreille, perchés sur la voiture publique, et chantant cette ballade du boulevard Saint-Michel, à Paris.

I

Sur la route de Poitiers,
Il y avait un cantonnier
Qui cassait des tas de cailloux,
    Tas de cailloux,
    Tas de cailloux,
Pour mettre sur le passage des roues.

II

Une grande dame vint à passer
Dans son beau cabriolet,
Qui lui dit : « Beau cantonnier,
    Beau cantonnier,
    Beau cantonnier,
Vous faites un fichu métier ! »

III

Le cantonnier, qu'était pas sot,
Lui répondit aussitôt :

Si je roulions carosse comme vous,
Rosse comme vous,
Rosse comme vous,
Je ne casserions point de cailloux !

IV

Cette réponse, qui se fait remarquer
Par sa grande simplicité,
Nous prouve bien qu'les malheureux,
Qu'les malheureux,
Qu'les malheureux,
S'ils le sont, c'est malgré-z-oux !

Que si l'on me demande comment j'ai retenu ces strophes, c'est que je me trouvais dans l'intérieur de la voiture qui portait les collégiens — et leur poésie.

Vivent les vacances !

NANTES

La société de la Pomme a mis au concours l'éloge de Cambronne.

Au risque de passer pour un être fabuleusement vieux, — et par ainsi de me nuire auprès de mes lectrices, — je dirai que j'ai vu Cambronne.

Il va sans dire que j'étais bien enfant. C'était à Nantes, quelques années après 1830, sur le cours Saint-Pierre, où l'illustre général passait une revue. — Le cours Saint-Pierre, planté d'arbres, est une des plus belles promenades de Nantes; d'un côté, il borde les bâtiments de la cathédrale; de l'autre, la façade du collège des Oratoriens, où Fouché professa, avant d'aller professer à la Convention. A l'une de ses extrémités s'élève une colonne érigée à Louis XVI.

La revue à laquelle il me fut donné d'assister,

ayant lieu un dimanche, avait attiré une grande partie de la population. Mes parents m'avaient placé au premier rang de la foule. Je pus donc examiner Cambronne tout à mon aise. Le souvenir que j'en ai gardé est celui d'un homme fort laid.

Les lauréats du concours de la Pomme glisseront sans doute sur cette particularité.

J'ignore, par exemple, comment ils se tireront de la fameuse légende de Waterloo.

On sait que la réponse aux Anglais a été revendiquée par un autre général, le général Michel.

Ce que fut au juste cette réponse, l'histoire est encore hésitante sur ce point. La première version, celle qui se répandit immédiatement au lendemain de la bataille, est : *La garde meurt et ne se rend pas.*

La seconde, qui se compose d'un unique vocable, d'une énergie naturaliste, ne se propagea que plus tard, et petit à petit. On la chuchota d'abord à l'oreille timidement ; car les gros mots n'étaient pas encore entrés dans le langage courant et usuel, comme aujourd'hui.

On suppose bien que Cambronne fut souvent interrogé à ce sujet et mis en demeure de s'expliquer sur le texte exact des paroles qu'il avait crachées à l'ennemi. Le héros en était même fortement agacé. Plusieurs vieux Nantais, qui s'étaient faits les complices de cette *scie*, m'ont raconté qu'il avait fini par répondre qu'il ne se souvenait de rien, que tout cela était brouillé dans sa mémoire. On comprenait qu'il n'était pas éloigné d'adopter la première version, à cause de son tour noble; mais il ne paraissait pas répudier absolument la seconde, surtout depuis qu'on la lui contestait.

Après cela, peut-être avait-il fait les deux réponses. Cela peut s'admettre.

Victor Hugo, dans un chapitre célèbre des *Misérables*, s'est prononcé pour le *mot* qui, à cause de cela, a des chances de s'imposer à l'histoire.

Aujourd'hui, le vieux soldat de la revue du cours Saint-Pierre, qui m'avait tant frappé par sa laideur, a sa statue en bronze au milieu d'un jardin public de Nantes qui porte son nom.

Le Croisic, 14 septembre 1874.

Pour me rendre au Croisic, je suis allé par eau de Nantes à Saint-Nazaire. Dès sept heures du matin, un *pyroscaphe* m'emportait sur la Loire, le beau fleuve auquel les sables ont déclaré la guerre. Je salue Indret, la bruyante et fumeuse fonderie; je salue Paimbœuf, appelé en breton au moyen âge *Pen-Ochen* ou *tête de bœuf;* je salue les vastes îles, les longues oseraies, les prairies à perte de vue ; je salue pendant trois heures et demie, — jusqu'à ce que le bateau à vapeur se soit arrêté à Saint-Nazaire.

S'il fallait en croire l'étonnant chroniqueur Alain Bouchard, ce serait à Saint-Nazaire que serait venu aborder un fabuleux Brutus, échappé par miracle au sac de Troie, et devenu plus tard le père des races bretonnes. Il est bien entendu que je vous livre ce fait sous toutes réserves, — comme on dit dans notre langue.

A Saint-Nazaire, je vois les apprêts de la foire annuelle ; mais, pressé de continuer ma route, je m'enquiers du chemin de fer qui doit me transporter au Croisic. — O naïveté! — Comment allais-je m'imaginer qu'une ligne de quelques kilomètres, traversant une contrée absolument plate, qu'un mince ruban de fer, commencé depuis trois ans, pouvait être achevé aujourd'hui.

Les choses ne vont pas si rapidement en Bretagne. Je suis donc forcé, comme l'année dernière et comme l'année d'auparavant, de prendre la voiture publique et de longer, à travers les pins d'Escoublac, les terrassements inachevés. Pourquoi ces travaux sont-ils suspendus? Je l'ignore ; mais il me semble qu'il y a là un préjudice pour ce petit pays. Les marais salants que j'avais vus autrefois si bien cultivés, si étincelants au soleil, sont délaissés en partie.

On ne rencontre plus qu'à de rares distances ces saulniers pittoresques, si nombreux jadis, tout de blanc vêtus, blouse blanche, braies blanches, blanc sur blanc, comme le sel qu'ils récoltent. — *ton sur ton*, — diraient les peintres, — et coiffés d'un immense tricorne, entouré d'une chenille de couleur. Un symbole, ce chapeau ! Le jeune homme porte la corne sur l'oreille ; dès qu'il est marié, il la tourne par derrière ; et, lorsqu'il est veuf, il dirige la pointe en avant.

Moins fréquentes également, ces robustes paludières, à la jupe relevée au-dessus du genou, à la coiffure saxonne ; guerrières du travail, dont l'industrie à demi ruinée, pour peu que cela dure, va faire des émigrantes de la servitude, des domestiques pour les bourgeois de Nantes, des bonnes à tout faire pour les célibataires de Paris !

En attendant qu'on mette trois quarts d'heure pour aller de Saint-Nazaire au Croisic, par ce chemin de fer si déplorablement ajourné, le trajet s'effectue en trois heures par la voiture publique. Encore faut-il subir les arrêts du conducteur à toutes les auberges ; — telle de ces auberges est renommée pour ses œufs durs et pour son cidre ; telle autre pour ses fouaces et son vin blanc. Ah ! ce n'est pas moi qui regretterai jamais cette honorable corporation des conducteurs de diligence, si fréquemment altérés ! Braves gens, je le veux bien, mais indiscrets au point de fourrer des chiens de chasse à travers les jambes des voyageurs de *l'intérieur*, — comme dans le voyage que je viens de faire.

Belot, mon égrillard ami Adolphe Belot, a donné une description assez fidèle de la presqu'île du Croisic dans son roman de *la Femme de Feu*. Peut-être n'en a-t-il pas suffisamment accusé le grand aspect mélancolique ; mais on ne peut pas exiger de Belot plus qu'il ne peut donner. C'est surtout aux âmes rêveuses, aux cœurs blessés, aux esprits malades, que convient ce coin de terre un peu farouche ; et l'on m'accordera qu'Adolphe Belot ne porte point sur sa physionomie l'empreinte d'une de ces douleurs profondes qui cherchent des analogies au sein des mornes paysages.

Le Croisic est un modeste petit port, brodé de maisons en granit. Rien de saisissant au premier coup d'œil, — ni même au second.

En tant que ville de bains, le Croisic est convenablement *outillé* : il a une plage étendue, moelleuse, d'un beau jaune de cassonade, sans le moindre galet ; un établissement hydrothérapique et un casino semblable à tous les casinos, — où l'on se livre aux divertissements honnêtes et permis. Les artistes dramatiques s'y aventurent quelquefois; Levassor et mademoiselle Teisseire y venaient souvent.

La clientèle des bains de mer du Croisic se recrute principalement dans le département de la Loire-Inférieure, — cela va de soi, — et puis ensuite parmi les riches familles de l'Anjou et du Maine. Il vient aussi des curieux, dont le nombre augmente d'année en année.

Les environs du Croisic fournissent de très intéressants points d'excursions, — entre autres, le bourg de Batz, Guérande et Piriac.

Qui n'a entendu parler du bourg de Batz et de ses habitants habillés à l'espagnole? Les industriels les figurent en coquillages ; on vend, dans de petites boites, un marié et une mariée de Batz. Voici les vers où est décrit avec fidélité l'ajustement de la femme :

> La mariée avait une coiffe plissée,
> Un tablier à fleurs aussi jaune que l'or,
> Une chaîne d'or pur autour du cou passée,
> Des bas rouges à coins brodés, — et puis encor
> Une robe superbe à la jupe écarlate,
> Et trois jupons de laine étagés par dessous,
> Un corsage tout raide où l'or partout éclate,
> Et des souliers de daim arrondis par les bouts.

Le cumul des professions est en faveur au bourg de Batz. Un bijoutier y est, en même temps, empailleur.

Tout a été écrit sur Guérande ; c'est une merveille. Piriac est moins connu ; les *Guides* recommandent de *ne pas oublier d'aller y visiter* un rocher curieux, qu'on appelle *le tombeau d'Almanzor* et auquel se rattache une légende du genre troubadour.

Visiter *le tombeau d'Almanzor*, — jamais !

Charles Jacque, le célèbre peintre d'animaux, est installé au Croisic depuis trois ou quatre ans.

Je vais souvent passer l'après-midi dans son atelier. Il travaille en fumant la cigarette. Je le regarde peindre. Tantôt il précipite les moutons dans les bergeries, en bataillons serrés, la tête basse, enveloppés d'une atmosphère de poussière ; ou bien, il les éparpille dans des plaines lumineuses, sur lesquelles de beaux arbres bien étudiés prolongent leur ombre sereine. D'autres fois, c'est la cour d'une ferme, avec ses mulons de fumier, en haut desquels se profile la silhouette orgueilleuse d'un coq à crête rouge, que je crois entendre chanter à plein gosier. Héraut superbe des vaillantes amours !

Et cette distraction, mêlée de songerie et de causerie, en vaut bien une autre.

Les bains de mer du Croisic ne règnent pas sans rivaux dans cette partie de la côte bretonne. Il y a des concurrences plus ou moins importantes, des localités qui cherchent à attirer les touristes. En première ligne, il faut nommer le Pouliguen (*Polguen* ou *Poulic-gwen*, c'est-à-dire *petite rade blanche*, à cause de sa plage de sable). — Le Pouliguen, depuis quelques années, tend à devenir une station mondaine ; on commence à y voir des chalets, des vélocipèdes. Avant l'introduction de ces machines diaboliques, M. Louis Veuillot se plaisait à passer une partie de la saison au Pouliguen, auquel il a consacré plusieurs pages dans son livre *les Petits Voyages*.

Après le Pouliguen, on peut mentionner Pornichet, Bonne-Source, Pinchâteau ou Penchâteau. Ce Penchâteau — qui intrigue beaucoup pour faire concurrence au Croisic — a rencontré son poète dans un médecin, qui est en même temps un archéologue. On m'a répété quelques couplets d'une chanson échappée à la verve de celui que les enthousiastes de Penchâteau appellent « Notre spirituel docteur ». Cela se fredonne sur l'air connu : *C'est l'amour, l'amour, l'amour :*

>Rien n'est beau, n'est beau, n'est beau,
>Comme un hameau sur la plage ;
>Mais de ces hameaux sur l'eau,
>Le mieux, c'est Penchâteau !

> Voyez-vous ses pignons rustiques
> Perçant les brumes du matin,
> Sa chapelle aux arceaux gothiques,
> Son vieux clocher, cher au marin !
>   Dans les champs, sur la grève,
>   Mouette ou goéland,
>   Toute voix qui s'élève,
>   Tout écho dit au vent :
>
> Rien n'est beau, n'est beau, *etc.*, *etc.*

Voici maintenant le couplet qui contient un *coup de patte* au Croisic :

> Qu'on aille au Croisic, en berlines,
> Jouer le whist ou l'opéra,
> Et faire assaut de crinolines,
> Bal et visite *et cœtera*...
>   Aux Panurge de suivre,
>   A nos beaux de sauter !
>   Ici, nous voulons vivre
>   Plus gaîment, et chanter :
>
> Rien n'est beau, n'est beau, *etc.*, *etc.*

Oh ! oh ! spirituel docteur, vous êtes un peu vif ! L'opéra au Croisic ! les assauts de crinolines ! Ne dirait-on pas qu'il s'agit d'une grande cité ?

Tout à l'heure, sur le quai du Croisic, auprès du Mont-Esprit, j'ai vu passer trois générations représentées par le père, le fils et le petit-fils.

Le vieillard m'a salué. L'homme fait m'a regardé indifféremment. L'enfant m'a demandé un sou.

J'ai vu tout un cours d'histoire dans cette rencontre.

SAINTE-BLAGUE-L'OCÉAN

25 août 1883.

Mon cher Tristan, j'ai voulu, moi aussi, délaissant les classiques plages du Havre, d'Étretat et de Dieppe, goûter des nouvelles stations balnéaires prônées et fanfarées par quelques journaux. Voilà pourquoi cette lettre est datée de Sainte-Blague-l'Océan, une création récente, déjà célèbre... dans les pages d'annonces.

Le genre est aujourd'hui aux endroits sauvages, aux terres désertes, aux *trous* en un mot, où l'on a *la paix du cœur*, comme ils disent tous, et où *l'on s'habille comme on veut*. Par ainsi, ils ont découvert Sainte-Blague-l'Océan, et s'y sont installés au nombre de trente-cinq environ.

On arrive très malaisément à Sainte-Blague-l'Océan — ce qui en double le charme — moitié par les chemins de fer de l'État, moitié par les diligences, qui rivalisent de lenteur et d'arrêts. La station est encore en formation, mais une société financière est fondée, c'est le principal. Bientôt une foule de blanches et coquettes villas sortiront de terre comme par enchantement. On m'a montré déjà l'emplacement du casino, un vaste quadrilatère encore entouré de planches, mais dont l'achèvement est promis pour le mois de janvier prochain.

— Nous comptons sur vous pour l'inauguration, m'a dit le directeur.

Lui-même a bien voulu m'initier à tous les détails de cette installation future. L'architecture offrira un heureux mélange de l'art japonais et du style pompéien. Il va sans dire aussi qu'on trouvera à Sainte-Blague-l'Océan les hôtels les plus élégants et les plus confortables.

En attendant, à la guerre comme à la guerre! Je loge dans une bicoque qui n'est d'aucun style, mais qui a l'avantage d'avoisiner la plage.

Pour arriver à cette plage, il faut traverser un bois de pins dont le plus élevé n'a pas même la taille d'un fantassin, et qui répandent une odeur excellente pour la santé, paraît-il, mais qui m'est aussi désagréable que l'odeur du goudron du pavage en bois.

— On s'y fait, m'a dit le directeur.

Et il a ajouté :

— Les terrains seront bientôt hors de prix. Je vous engage à en acheter pendant qu'ils ne sont encore qu'à trente francs le mètre. Depuis la semaine dernière, j'ai déjà reçu des demandes d'achat de M. Carvalho, directeur de l'Opéra-Comique, de mademoiselle Reichemberg, sociétaire de la Comédie-Française, et de M. Maxime Lisbonne, impresario des Bouffes-du-Nord.

La fortune de Sainte-Blague-l'Océan serait incertaine sans le patronage d'une sommité théâtrale. M. Lassalle, de l'Opéra, étant occupé en ce moment à Pornichet ou Cornichet, on a dû s'adresser à M. Daniel Bac, un des artistes les plus aimés des Variétés, à Paris. M. Daniel Bac a promis de lancer sérieusement le casino de Sainte-Blague-l'Océan.

En attendant, les distractions sont fort rares, et les huit baigneurs qui mènent ici la vie de garçon doivent se contenter des orgies du café de la Plage, dont la terrasse tourne le dos à la mer.

Mais il n'y a pas rien que les baigneurs, il y a aussi le pays et les paysans. Tu sais, mon cher Tristan, combien je suis friand de types et de coutumes locales. J'ai été servi à souhait à Sainte-Blague-l'Océan. J'ai rencontré d'abord un *jeteux de sorts* qu'on appelle le *Vieux Jacques*, et qui m'a fait les récits les plus fantastiques du monde. Naturellement il est redouté de tous les habitants, qui essayent de le faire passer pour une canaille; je crois qu'ils exagèrent un peu, non pas que les ans n'aient effectivement affaibli la moralité du *Vieux Jacques;* il me demande sans cesse de l'argent pour son tabac; mais, en revanche, quelle conversation intéressante que la sienne!

Il m'a raconté qu'il avait assisté, tout enfant, aux guerres fratricides de la Vendée; ce qui, comme tu vois, place la date de sa naissance à une époque diantrement reculée. Je n'ai aucune raison cependant de suspecter sa véracité; il m'a donné les renseignements les plus curieux sur Jambe d'Argent, sur Paillenlœil, sur Charette, sur tous les héros de broussailles. Il était le douzième fils du paysan Jean-Feutre, ainsi nommé à cause de son grand *chapeau*. Les douze fils Jean-Feutre se sont rendus célèbres dans le Bocage par leurs atrocités; ils ont joué aux boules avec les têtes des prisonniers. Tu penses comme je recueille avec avidité les paroles du *Vieux Jacques*, ce naïf historien, qui me fait l'effet d'un Crétineau-Joly en sabots.

J'ai écrit sous sa dictée un chant de guerre d'une authenticité incontestable et d'une saveur locale tout à fait pénétrante. Le voici :

LE COMBAT DES SIX PEUPLIERS

Au-dessus de la cheminée,
J'ai décroché mon vieux fusil.
Ce fut une rude journée
Où nous fûmes tous au péril.

   Hou hou ! hou hou !
Écoutez le chant du hibou !

Nous étions cent, nous étions mille,
Prêts à verser le sang breton !
Le chef, qui s'appelait Émile,
Portait le bonnet de coton.

   Hou hou ! hou hou !
Écoutez le chant du hibou !

A la ferme des Margoulettes,
Ousque sont les Six Peupliers,
La danse fut des plus complètes,
Le combat des plus meurtriers.

   Hou hou ! hou hou !
Écoutez le chant du hibou !

L'abbé, le premier en vaillance,
Criait : « Tirez ! Hardi, mes gars !
Vous êtes tous absous d'avance,
Ne regardez pas aux dégâts. »

> Hou hou ! hou hou !
> Écoutez le chant du hibou !
>
> Après la sanglante victoire,
> Notre bon seigneur le marquis
> Dans la cour nous a tous fait boire
> Plusieurs verres de riquiqui.
>
> Hou hou ! hou hou !
> Écoutez le chant du hibou !

Hein, mon cher Tristan, quelle originalité ! quel parfum de bruyères ! Croirais-tu cependant qu'il s'est trouvé un savant assez sceptique pour qualifier cette pièce de pastiche et pour traiter son auteur de fumiste ? Décidément, la science dessèche l'âme.

Je pourrais t'envoyer aussi *le Crabe à qui il manque trois pinces*, une ronde que chantent les jeunes filles après les travaux de la journée ; mais je ne veux pas abuser de la poésie dans une première lettre.

Je te quitte pour aller prendre mon bain. C'est l'heure des rendez-vous de belle compagnie sur la plage. Un *noble* produit encore un effet prodigieux dans ces contrées primitives. On se montre madame de Sonneuil et M. de la Cruaudais, et puis, à un rang inférieur, M. Brévin junior, la famille Maindin, les grands raffineurs Marquorel, etc., etc. La Société des bains de Sainte-Blague-l'Océan a fait des efforts inimaginables pour se procurer un ou plusieurs étrangers de distinction; on annonce pour la semaine prochaine deux riches Portugais et un général russe, le général Repeintaneuff.

Si ces éléments ne suffisent pas à la prospérité de Sainte-Blague-l'Océan, on avisera entre une table de baccarat ou un miracle. Le miracle aurait plus de chance, peut-être, les sources ne manquent pas dans le pays, et la chapelle porte un nom de légende : Saint-Melon-les-Belottes. On mettrait le miracle en bouteilles, et l'on en ferait une concurrence à l'eau de Lourdes.

Je te tiendrai au courant, mon cher Tristan, de ce qui sera décidé dans l'un ou l'autre sens, et j'espère te donner l'envie de venir me retrouver à Sainte-Blague-l'Océan avant la fin de saison.

Ton vieux camarade,

CHARLES MONSELET.

LORIENT

En allant inaugurer la statue de Victor Massé à Lorient, j'ai voulu saluer la statue de Bisson.

Je suppose que tout le monde connaît l'admirable trépas de Bisson. Faisons cependant comme si personne ne le connaissait.

Le 6 novembre 1827, l'enseigne de vaisseau Bisson, commandant le *Payanoti*, brick capturé sur les Grecs, se trouva forcé par le mauvais temps de relâcher dans une île de l'Archipel.

A dix heures du soir, il fut surpris et entouré par plusieurs barques de pirates.

Le *Payanoti* n'avait à son bord que quinze marins français.

Les pirates étaient au nombre de cent trente.

Bisson n'hésita pas à organiser la résistance. Il lutta pendant quelque temps avec un acharnement sans égal. Ce ne fut qu'après avoir vu tomber à côté de lui neuf de ses compagnons qu'il comprit qu'il était perdu. Il ordonna aux six autres de se jeter à la mer et de demander leur salut à la nuit.

Resté seul à bord du *Payanoti*, l'enseigne de vaisseau Bisson, blessé, inondé de sang, se dirigea vers la soute aux poudres, et, après avoir attendu que le pont fût complètement envahi, il fit sauter son brick tout chargé de pirates...

Cet acte héroïque eut un retentissement extraordinaire dans toute l'Europe. En France, il fut célébré par la poésie et par la peinture. On porta pendant l'hiver des modes *à la Bisson.* Sur le quai des Vieux-Augustins, j'ai longtemps vu un hôtel garni portant pour enseigne : *Hôtel Bisson.*

Bisson était Breton. — Oh ! les bonnes et dures têtes ! — Il a sa statue sur une des places de Lorient, sa ville natale. De plus, on lui a élevé, dans l'île de Stampalia, sur une des pointes du rivage, qui regarde l'endroit où sa mort eut lieu, une colonne en marbre blanc, avec cette inscription : *A la mémoire de l'enseigne de vaisseau Bisson et des marins français morts en héros, le 6 novembre* **1827.**

CHINON

LA STATUE DE RABELAIS

Rabelais va avoir sa statue.

Enfin!

On la lui a fait attendre longtemps, trop longtemps. Il ne l'aura eue qu'après ses fils et ses disciples, après Montaigne, après Molière, après Jean de La Fontaine, après Voltaire.

Pourquoi tant de retards?

C'est que Rabelais mort a autant d'ennemis que Rabelais vivant. C'est que l'*Homère bouffon*, comme l'a appelé Charles Nodier, traîne encore à sa suite une multitude de zoïles sérieux. C'est que ce géant continue de faire peur à ces nains.

Et puis, s'il faut tout dire, il me semble que Rabelais n'est pas encore tout à fait compris.

L'a-t-il jamais bien été?...

De son temps, il passait pour un homme *gaillard et ingénieux*. Rien de plus. Les prêtres, ayant échoué contre lui, dans la conspiration du bûcher, commencèrent la conspiration du silence, — qui leur réussit davantage.

Le xviie siècle tint Rabelais à l'écart. Même parmi les écrivains qui lui empruntèrent le plus, il ne s'en trouva que quelques-uns pour dire son nom.

La Bruyère n'y vit que de la grossièreté. Il avait de bons yeux cependant. Le xviiie siècle détourna la tête.

Les éditions de *Pantagruel* se succédaient pourtant, mais d'une façon souterraine. Rabelais n'était pas avoué.

C'est le xixe siècle qui l'a mis définitivement à sa place, c'est-à-dire qui l'a déclaré grand homme. Le xixe siècle a été le justicier et le classificateur par excellence. Il a fait pour Rabelais ce qu'il a fait pour Dante et Shakespeare.

Aujourd'hui, Rabelais trône dans sa gloire. Un mouvement très accusé des bibliophiles et de la librairie y a puissamment aidé. Il s'en est même peu fallu que le grand Tourangeau n'entrât de plain-pied dans le royaume de la vulgarisation, grâce à une illustration très intelligente et étonnamment verveuse de Gustave Doré.

A un certain moment, il y eut une sorte de steeple-chase d'éditeurs et de commentateurs; l'un d'eux, M. Burgaud de Marets put s'écrier dans un élan de lyrisme : « Il pleut des *Rabelais*. Tant mieux! tout le monde en aura. Nul ne sera dorénavant excusé s'il parle du livre joyeux ou s'il en écrit sans l'avoir lu. Nous nous sommes levés douze à la fois, douze savants de haute fustaye, hommes de bien, sacristains du curé de Meudon, sonnant son prêche à grande volée ! »

C'est à Chinon, c'est dans sa ville natale, que Rabelais aura sa statue.

Il avait été question un instant de Tours. Mais Tours s'est incliné devant Chinon.

Rabelais ne manque aucune occasion de glorifier son berceau; n'a-t-il pas traité Chinon de *première ville du monde?* C'est aller un peu haut dans la reconnaissance.

Voici la façon dont il s'y prend :

« Cette entrée me révoque en souvenir la *Cave peincte* de la première ville du monde. — Où est, demanda Pantagruel, qui est cette première ville que vous dites? — Chinon, dis-je, ou Caynon en

Touraine. — Je sais, répondit Pantagruel, où est Chinon, et la *Cave peincte* aussi :

> Chinon,
> Petite ville, grand renom,
> Assise sus pierre ancienne,
> Au haut le bois, au pied la Vienne.

» Mais comment serait-elle ville première du monde? Où le trouvez-vous par escrit? Quelle conjecture en avez? — Je dis, je trouve en l'Escriture sacrée que Cayn fut premier bastisseur de villes, vrai donques semblable est que, la première, il, de son nom, nomma Caynon, comme depuis ont, à son imitation, tous autres fondateurs et instaurateurs de villes imposé leurs noms à icelles. »

Si Rabelais aime bien Chinon, Chinon aime bien Rabelais et lui a constamment voué un culte sans réserves.

C'est ainsi qu'autrefois le conseil municipal a acheté son portrait par Eugène Delacroix, une grande toile peu connue et datée de 1837, — d'une excellente facture, sévère, élevée. Je n'en garantirais pas cependant la ressemblance. — Ce portrait décore la principale salle de l'hôtel de ville.

En 1875, — lors de l'inauguration du chemin de fer de la Vendée, — des fêtes furent organisées à Chinon en l'honneur de Rabelais. On y vint de tous les points de la Touraine.

J'étais du pèlerinage, comme on le suppose.

Rien que le trajet de Tours à Chinon est un enchantement. On traverse des campagnes admirables, aux aspects variés, la vallée du Cher, — où j'ai vu les plus beaux et les plus gigantesques noyers, inondant le sol de leurs branches épaisses, — la forêt de Huismes, pour arriver à ce bijou architectural qualifié de première ville du monde.

Sans nous arrêter à cette étymologie facétieuse, constatons l'adorable situation de Chinon, sur la rive droite de la Vienne, et la majesté pittoresque de son château, moins écroulé que les *Guides* ne le prétendent.

C'est dans ce château que Charles VII accorda une première audience à Jeanne Darc.

L'intérieur de Chinon vaut l'extérieur. On y admire toute une rue formée d'une quarantaine de maisons de la Renaissance, maisons bourgeoises et petits hôtels pleins de ravissants détails d'architecture, brodés de verdure, presque tous intacts.

Deux maisons de la rue de la Lamproie, l'une au milieu, l'autre à l'extrémité, du côté de la rivière, — se disputent l'honneur d'avoir vu naître maître François. L'une et l'autre, paraît-il, ont leurs pièces à l'appui.

Mais revenons aux fêtes de 1875, qui eurent lieu au mois de juin.

Elles commencèrent à la gare même du chemin de fer, où l'archevêque de Tours, un homme de beaucoup d'esprit, ne mit aucune hésitation à bénir une locomotive, du nom de *Rabelais*.

(De mauvaises langues ont affirmé qu'il ne s'en était aperçu qu'après.)

Ensuite vint la cavalcade : le char des dames de Thélème avec leurs pages; le char des fouaciers de Lerné; le char des moutons de Panurge conduits par Dindenault; le char de la Dive Bouteille accosté de sa grande prêtresse Bacbuc; le char de Gargantua flanqué de Frippesaulce, Pilleverjus, Porc-au-Son, Painperdu, Hochepot, Léchevin et Aransor; enfin le char musical des Loudunais, joueurs de trompe, trompette, bouquin, flageolet, cornet, cornemuse et tambourin.

Cette amusante chevauchée, très exacte dans ses costumes, avait été réglée par un jeune professeur du collège de Chinon.

Le soir, la ville fut illuminée à outrance; il y eut un banquet où quelqu'un porta ce toast, salué des acclamations générales :

— Aux temps prochains où Chinon verra s'élever la statue de Rabelais!

Ces temps sont arrivés. La statue est votée.

Certes, Rabelais avait devancé son époque.

Il est et demeure un merveilleux maître de style, non seulement dans son livre, mais encore dans ses trop rares fragments de correspondance.

Lisez son éblouissante description des fêtes données à Rome, par le cardinal du Bellay, à l'occasion de la naissance d'un duc d'Orléans, — et dites si M. Paul de Saint-Victor n'en signerait pas avec transport n'importe quel morceau pris au hasard?

Celui-ci, par exemple :

« ... Soudain entra une compagnie de jeunes et belles dames richement atournées et vestues à la nymphale, ainsi que voyons les nymphes par les monuments antiques. Desquelles la principale, plus éminente et hautes de toutes autres, représentant Diane, portait sur le sommet du front un croissant d'argent, la chevelure blonde esparse sus les espaules, tressée sus la tête avec une guirlande de laurier, toute instrophiée de roses, violettes et autres belles fleurs; vestue, sus la soutane et vertugade de damas rouge cramoisi à rouges broderies, d'une fine toile de Cypre toute battue d'or, curieusement pliée comme si fust un rochet de cardinal, descendant jusques à mi-jambe, et, par-dessus, une peau de léopard bien rare et précieuse, attachée à gros boutons d'or sur l'espaule gauche.

» Ses bottines dorées entaillées et nouées à la nymphale, avec cordons de toile d'argent. Son cor d'ivoire pendant sous le bras gauche. Sa trousse, précieusement recamée et labourée de perles, pendoit de l'espaule droite à gros cordons et houppes de soie blanche et incarnate. Elle, en main droite, tenoit une dardelle argentée.

» Les autres nymphes peu différoient en accoustrements. Chacune tenoit un arc turquois bien beau en main, et la trousse comme la première. Aucunes menoient des levriers en lesse, autres sonnoient de leurs trompes. C'estoit belle chose les voir. »

Inutile de dire que je retournerai à Chinon lors de l'inauguration de la statue de Rabelais. Je retournerai aussi dans la *Cave peincte*, qui existe toujours, et où les murailles sont encore tapissées de gaies peintures contemporaines de l'illustre Chinonnais. — On m'y a mené, en 1875; mais au lieu d'une réunion de précieux *beuveurs*, il n'y avait plus qu'une légion de chauves-souris, que nos torches firent envoler avec un grand bruit d'ailes.

BORDEAUX

I

14 février 1871. — Départ de Paris, à onze heures du matin, par la gare du chemin de fer d'Orléans. Je vais à Bordeaux, sans mission, sans projet, uniquement pour changer d'atmosphère, pour respirer un air nouveau. Le même train emporte MM. Henri Rochefort, Leblond, Noël Parfait, Léopold Javal, Malon, le monde ancien et le monde nouveau, pêle-mêle. — M. Malon, l'élu de l'*Internationale*, est un homme d'une trentaine d'années, à la physionomie douce, aux manières fort simples, quoiqu'il porte une large ceinture rouge, un feutre pointu et des bottes par-dessus le pantalon. Il est accompagné de M. Antonin Poulet; tous deux occupent un compartiment des secondes.

A la station de Vitry, où a lieu le visa des laisser-passer par les officiers allemands, je détourne la tête. Jusqu'à Vierzon, il nous faut subir la domination étrangère. Que le trajet me paraît long! partout, la campagne dévastée; des champs déserts, des bandes innombrables de corbeaux en quête d'un funèbre régal... Après Limoges, on entre dans les grands paysages du Périgord.

15 février. — Il est deux heures et demie de l'après-midi, lors de l'arrivée à Bordeaux, dans la gare de la Bastide. Le soleil est brillant. M. Édouard Fournier, l'érudit écrivain, que j'ai rencontré à la bifurcation d'Orléans, se joint à moi pour chercher un gîte. Tous les hôteliers nous rient au nez; nous nous rabattons sur les auberges. Rue du Pont-de-la-Mousque, *A la réunion des navigateurs*, on nous offre une chambre à deux lits, qui rappelle les plus sinistres intérieurs de Regnier, mais que nous acceptons de guerre lasse.

16, 17, 18 février. — Depuis quatre jours que je suis à Bordeaux, j'ai assisté déjà à une multitude de tableaux variés et très montés en couleur. Quelle fièvre incessante! quelles secousses! quels sursauts! Une vie effrayante anime cette grande ville, habituellement livrée aux quiétudes et aux régularités. Les habitants, d'ordinaire assez réservés et même un peu froids avec les étrangers, se départent de cette attitude pour les interroger avidement, pour savoir leurs espérances, leurs appréhensions.

Les rues roulent des flots humains. Comme à Paris, force gardes nationaux, force mobiles revenus de tous les côtés et campés partout ; des gendarmes à cheval, des cuirassiers, des lanciers, des canonniers, des marins Tout ce monde afflue vers le Grand-Théâtre, où se fait l'histoire. Le spectacle n'est pas moins curieux à l'extérieur qu'à l'intérieur ; c'est celui-là seulement que je veux essayer de retracer. A de certains moments, surtout lors des premiers jours, la place du Grand-Théâtre avait de faux airs de la place de l'Hôtel-de-Ville, à Paris. C'étaient une surexcitation, des cris, des clameurs passionnées, tout ce qui ne se voit et ne s'entend que chaque quart de siècle. Depuis, des troupes de renfort ont dégagé les abords de l'Assemblée nationale ; il ne reste plus, pour la circulation publique, que la partie réservée aux trottoirs ; — cette partie est encombrée de midi jusqu'à six heures ; on se presse, on se heurte, on s'arrête pour voir entrer et sortir les députés; on se hisse sur les marches des magasins. Aux fenêtres, même affluence; les balcons des cercles fléchissent sous leur double rang d'habitués.

A côté des députés, ces hôtes naturels de Bordeaux, il faut signaler cette nuée de journalistes, d'écrivains et de curieux célèbres qui sont les témoins obligés de tous les événements grands ou petits.

Je cite au courant de la plume, sans ordre et sans distinction : MM. Alphonse Royer, Arnould Frémy, Alfred de Caston, Charles Habeneck, André Lemoyne, Hippeau, Gaston de Saint-Valry, Édouard Fournier, Gustave Claudin, Alexis Bouvier, Michel Lévy, Hippolyte Babou, Paul Dhormoys, Benjamin Gastineau, Cavalier, Gustave Isambert, Ivan de Wœstyne, Gabriel Guillemot, Jules Claretie, Marc Fournier, Henri Chabrillat, les frères Lionnet, etc., etc.

Si la place du Grand-Théâtre rappelle la place de l'Hôtel-de-Ville, le café de Bordeaux fait songer au café de Madrid, et puis aussi au café de Mulhouse, au café de Suède, à tous des milieux parisiens où la conversation prime la consommation; ce sont en partie les mêmes clients; c'est le même bruit, la même ardeur de discussion, se poursuivant jusqu'après minuit.

J'habite maintenant à vingt-cinq minutes du café de Bordeaux, dans un faubourg, autant dire à la campagne ; car il y aurait présomption à vouloir se loger dans la ville. M. Champfleury et M. Eudore Soulié ont été forcés de pousser jusqu'à Saint-Macaire.

Le soir, après une station dans les bureaux du *Moniteur universel*, vers onze heures et demie (car ici la plupart des journaux se font la nuit), je regagne, par les rues désertes, ma petite chambre. Le temps est superbe et la température clémente comme à Nice. Avant de me coucher, je m'accoude pendant quelques instants à ma fenêtre, qui ouvre sur des jardins ; je contemple les cieux étoilés ; je cherche à écarter l'image affreuse du présent. Quelle tranquillité ! Quel recueillement autour de moi.

Est-il possible, ô mon Dieu ! que vos regards se soient détournés de la France?...

19 février. — Je viens de me croiser, sur les Quinconces, avec M. Victor Hugo; qui est ici avec ses deux fils. Le grand homme est immuablement coiffé d'un képi, qui finira par devenir légendaire, bien qu'il lui aille fort mal. M. Hugo est très en butte à la curiosité publique; il a dû subir les accolades de plusieurs gardes nationaux enthousiastes. Un d'eux lui a crié aux oreille : « *Vivent les Châtiments !* » Au café de Bordeaux, où il avait cru pouvoir prendre tranquillement une limonade, on a brisé des vitres pour le voir. C'était le maître du café qui n'était pas content ! Quant au poète illustre, je l'ai vu tressaillir une minute, comme si une voix mystérieuse lui avait murmuré ce vers de *Ruy Blas* :

La popularité, c'est la gloire en gros sous !

II

LE BUSTE DE LIGIER

Bordeaux, 4 septembre 1870.

Je suis à Bordeaux depuis hier. L'aimable ville ! J'y reviens toujours avec plaisir.

Quel éblouissement à l'arrivée ! Il y a peu de panorama aussi importants que le panorama de la ville de Bordeaux. On en jouit dès la station de Lormont, c'est-à-dire pendant quinze minutes avant l'entrée en gare. La gravure a popularisé cet immense fer à cheval d'une longueur de plus de six kilomètres, enfermant une multitude de navires de toutes les dimensions et de toutes formes, pavoisés aux couleurs de tous les peuples.

Déjà, dans leur joli *Voyage*, Chapelle et Bachaumont avaient dit :

> Nous vîmes au milieu des eaux
> Devant nous paraître Bordeaux,
> Dont le port en croissant resserre
> Plus de barques et de vaisseaux
> Qu'aucun autre port de la terre.

« Sans mentir, — ajoutent-ils, — la rivière en était alors si couverte, que notre felouque eut bien de la peine à trouver une place pour aborder. »

Depuis *Chapelle et Bachaumont*, le tableau, pour s'être modifié, n'en est pas moins admirable surtout lorsque l'horizon est baigné d'une vapeur de soleil. Le wagon vaut la felouque, dans ce cas, pour le coup d'œil. — C'est d'abord, dominant tout le lointain, le clocher pyramidal de Saint-Michel, réédifié depuis plusieurs années ; ce sont les flèches élégantes et légères de la cathédrale Saint-André ; — puis, à mesure que le chemin de fer s'avance jusque sur les bords de la Gironde, qu'il rase avec de longs sifflements, ce sont les quais de Bacalan et des Chartrons, habités par le haut commerce; la promenade des Quinconces, avec ses deux colonnes rostrales, célèbres dans l'univers entier; la place Richelieu; le majestueux hôtel du Chapeau-Rouge; — puis, toujours au cours du fleuve, les nobles pavillons de la Bourse et de la Douane; les masses régulières et ornées du quai Bourgogne; la porte Caillau ou du Caillou, la tour massive et noire de Saint-James, souvenir de la domination anglaise; — et enfin, comme fond de tableau, le pont aux dix-sept arches de pierre !

Je le répète, peu de villes en Europe ont une façade aussi superbe.

Lorsqu'on met le pied dans l'intérieur, c'est un charme non moins conquérant. Le point central est ce beau quartier qui comprend la place du Grand-Théâtre, la Préfecture, la rue de l'Intendance, la rue Esprit-des-Lois et la chaussée de Tourny; — quartier vaste, monumental, aéré, sentant la richesse et le faste. Aux proportions hardies des maisons, à la grâce des détails, on voit que Gabriel et Louis, ces deux derniers architectes, ont passé par là.

Ce quartier me reporte tout naturellement au gouvernement du maréchal de Richelieu, c'est-à-dire à la période la plus brillante de Bordeaux.

On ne saurait nier l'influence considérable exercée sur l'esprit des habitants par le séjour du vainqueur de Mahon, une des expressions les plus séduisantes de son siècle. Il se mit à la tête d'une renaissance mondaine; il donna des fêtes et en fit donner ; — sa galanterie triompha comme partout...

A un grand bal masqué que lui offrit la ville entraînée, subjuguée, un domino vint lui parler, s'exprimant avec infiniment d'esprit. Le maréchal de Richelieu le prie de se faire connaître; le domino refuse, s'esquive, — et revient quelques minutes après en laissant aux mains du maréchal les vers suivants :

> Quoique sous ce déguisement,
> Tu peux me connaître aisément
> Aux seuls sentiments de mon âme :
> Si je te crains, je suis Anglais,
> Si je t'aime, je suis Français,
> Si je t'adore, je suis femme.

C'est le mot suprême du madrigal.

Un autre créateur de Bordeaux, c'est M. de Tourny, intendant général de la province de Guienne au XVIII° siècle.

M. de Tourny, — à qui l'on a accordé une si pauvre statue en échange de tant de services, — avait le goût des grandes choses. On lui doit, entre autres embellissements, ces cours nombreux et larges, plantés d'arbres, qui font une ceinture aux trois quarts de la ville.

Et le Grand-Théâtre ! Quelle merveille ! On a tout dit sur ce splendide monument, dont l'édification dura sept ans. Moi-même, je m'en suis occupé assez scrupuleusement dans un de mes ouvrages (*Les Souliers de Sterne*).

Hélas ! ce ne fut pas sans subir de longues luttes, sans endurer d'odieuses tracasseries, que Louis put mener à fin son monument. Un jour que Beaumarchais, de passage à Bordeaux, était venu le voir au milieu de ses échafaudages, le pauvre architecte lui confia ses chagrins et ses découragements.

— Allons, lui dit en riant l'auteur de *Figaro*, faisant allusion aux appareils de toute sorte qui l'environnaient, allons, en élevant cet édifice à ta gloire, ne t'attendais-tu pas à être encombré de *grues?*

Malgré cette apparence de plaisanterie, Beaumarchais s'intéressa sérieusement aux projets de son ami, l'aida de son influence, qui était grande, et de ses conseils, qui étaient bons ; ce fut même à cause de Louis que Beaumarchais resta à Bordeaux une partie de l'année 1778 ; il appliqua son imagination et son activité à la réalisation des fonds nécessaires pour l'achèvement de la salle ; — et ce diable d'homme, qui traînait en tous lieux le succès après lui, contribua vivement au triomphe définitif de Louis.

Mais je m'égare, et, si je ne m'arrête, je vais tout simplement écrire l'histoire de Bordeaux.

Hâtons-nous de rentrer dans l'actualité.

L'actualité à Bordeaux est tout entière dans l'inauguration du buste de Ligier au Grand-Théâtre, — inauguration qui doit avoir lieu avec une pompe inaccoutumée.

Le tragédien Ligier était un enfant de Bordeaux. Après une longue et brillante carrière, il y est revenu mourir il y a quelques années.

Ses amis, sur l'initiative de M. Hippolyte Minier, ont organisé une souscription pour lui élever ce buste, qui va être placé dans le foyer du Grand-Théâtre, à côté de Louis, le glorieux architecte, — de Rode, le violon inspiré, — de Beck et de plusieurs autres illustrations locales.

J'ai vu ce buste en marbre, œuvre de M. Amédée Juandot, ancien pensionnaire de la ville de Bordeaux à l'École des beaux-arts de Paris. Il est d'un puissant effet et d'une exécution magistrale. On croirait voir un ancien Romain ; — le cou nu, musculeux, la tête fière, la lèvre impérieuse, avec des rides profondes et despotiques, tel était Ligier dans Néron, et généralement dans tout le répertoire classique.

Bordeaux est dans le ravissement.

Le mot de la fin m'est fourni par un Bordelais, un de mes amis d'enfance.

En apprenant que je vais faire demain une conférence à propos de Ligier, il s'est écrié en lorgnant mon embonpoint :

— Toi, une conférence ?... *Té !*... Tu veux dire une *circonférence !*

LE MÉDOC

I

Il y a deux moyens, aussi agréables l'un que l'autre, de faire une excursion en Médoc — par terre et par eau, en chemin de fer et en bateau à vapeur. Je vais user de ces deux moyens.

Ce matin, j'ai pris, devant les Quinconces, le bateau à vapeur qui va jusqu'à Royan, et qui dessert en chemin les stations les plus importantes du Médoc.

Pour peu que le temps soit beau, c'est un voyage charmant et qui éveille les plus riants souvenirs. A chaque instant, vous entendez retentir les noms des crus les plus renommés :

Margaux, Saint-Julien, Saint-Estèphe, Laffitte. Vous dressez l'oreille et votre langue se met à claquer involontairement.

« O ma patrie! — s'écriait au iv⁰ siècle le poëte Ausone; — ô ma patrie, célèbre par tes fleuves et tes grands hommes, *grande par Bacchus!* »

Vous le voyez déjà!

On passe successivement devant Montferrand, qui fut le dernier séjour du comte de Peyronnet, ancien ministre de l'intérieur sous Charles X, ancien garde des sceaux, ancien pair de France, etc., etc. J'ai souvent rencontré, dans ma jeunesse, M. de Peyronnet, toujours élégamment vêtu, coiffé, en redingote courte et serrée à la taille, la badine à la main. Depuis sa chute du pouvoir, il était devenu ou redevenu littérateur. Il traduisit *Job*, non pas précisément sur un lit de fumier. A près de quatre-vingts ans, il se mit en tête de composer des satires; on le laissa faire.

M. de Peyronnet avait pour voisin à Montferrand un homme qui ne lui ressemblait guère, Henri Fonfrède, l'ardent publiciste. Le costume de Fonfrède se composait d'une méchante lévite verte beaucoup trop longue, d'un pantalon noir beaucoup trop court, de bas de laine gris, de gros souliers et d'un chapeau de paille. « S'il avait eu une lanterne à la main, — disait en riant un de ses amis, — on aurait pu croire qu'il cherchait non pas un homme, mais un gouvernement. »

Nous doublons le Bec-d'Ambès, le point de jonction entre la Garonne et la Dordogne.

A droite, on aperçoit la résidence de madame Marsand, la fille du célèbre tragédien Lafon, qui fait les vers aussi bien que les disait son père. J'en veux à madame Marsand de ne pas livrer au public tout ou partie des mémoires de l'*Achille gascon*. Il y en a une *quarantaine* de volumes. c'est de lui-même que je tiens le chiffre. Ils ne peuvent qu'être infiniment curieux, car Lafon a vécu dans une période éclatante, et il a *cueilli des myrtes* jusque sur les degrés du trône impérial.

Avec des initiales, tout cela pourrait passer.

Voici la ville de Blaye et sa citadelle, où fut enfermée la duchesse de Berry.

Le grand homme de Blaye ne date pas précisément d'hier ; c'est un troubadour de 1109, du nom de Geoffroy Rudel, seigneur d'origine et prince de la gaie science, de qui Pétrarque a dit : « Il s'aida de la voile et de la rame pour aller au-devant de la mort. »

Raynouard a conservé le touchant récit des amours infortunées de Geoffroy Rudel : « Jaufres Rudel de Blaia si fo molt gentils hom, princes de

Blaia ; et enamoret se de la comtessa de Tripol, ses vezer, per lo gran ben et per la gran cortezia qu'el auzi dir de lieis als pelegrins que vengron d'Antiocha, et fetz de lieis mains bons vers et ab bons sons, ab paubres motz. E per voluntat de lieis vezer el se crozet, e mes se en mar per anar lieis vezer. Et adoncs en la nau lo pres mout grans malautia, si que cill que eron ab lui cuideron que el fos mortz en la nau ; mas tan feron qu'ill lo conduisseron à Tripol en un alberc com per mort. E fo faitz a saber a la comtessa, e venc ad el al sieu licich et pres lo entre sos bratz. Et el saup qu'ella era la comtessa, si recobret lo vezer, l'auzir e'l flairar, e lauzet dieu e'l grazi que ill avia la vida sostenguda tro qu'el l'ages vista. Et en aissi el moric entr'els braz de la comtessa ; et ella lo fetz honradamen sepellir en la maison del Temple de Tripol. E pois en aquel meteis dia ella se rendet monga, per la dolor que ella ac de lui e de la soa mort. »

Avez-vous compris ?

Pour plus d'éclaircissements et de détails, — en français, — s'adresser à M. Ferdinand Dugué, l'estimable dramaturge, qui a publié naguère, aux belles années du romantisme, un roman intitulé : *Geoffroy Rudel*.

Autre ville, autre poète.

Après Blaye, de l'autre côté du fleuve, Pauillac.

Pauillac a vu naître un original souvent amusant, Romain Dupérier, un poète de bric et de broc, auteur du *Métromane de la Gironde*, comédie-folie en trois actes, en vers, et d'une *Iphigénie en Périgord* qui n'eut qu'une représentation. On a écrit de lui: « Romain Dupérier était chevalier et s'en vantait avec la Terreur, quoiqu'il fût chevalier à peu près comme il était poète, c'est-à-dire pour l'amour de Dieu, car il n'avait ni rente ni patrimoines. Du reste, gai, bruyant, rimant à tout propos, une manière de Santeuil défroqué. »

Il avait quelque esprit dès qu'il quittait la plume pour la parole. Un soir, au Grand-Théâtre de Bordeaux, voulant gagner sa place habituelle et forcé de déranger une dame dans tout l'éclat de sa seconde jeunesse, Dupérier s'excusa par ce spirituel impromptu :

> Madame, à vos genoux je demande une grâce :
> Vous qui ne passez pas, permettez que je passe.

Romain Dupérier a composé lui-même son épitaphe, dans laquelle il se rend justice :

> Ci-gît Romain, l'original,
> Du Bas-Médoc originaire,
> Qui, de Bordeaux à... Saint-Macaire,
> N'a pu rencontrer son égal.

A partir de Pauillac, le fleuve s'agrandit, on

sont les approches de la mer; le bateau à vapeur se balance de façon à donner quelques inquiétudes à huit ou dix jolies passagères.

Nous allons arriver à Royan.

Je ferme mon carnet de notes.

La vue de ce pays vinicole m'a donné une soif!

II

DANS LES VIGNES

Le Vieux-Soulac.

Je viens de traverser le Médoc dans toute sa longueur, et non seulement de traverser le Médoc, mais aussi de visiter une grande partie du département de la Gironde.

Pauvre Médoc! Infortunée Gironde!

Leurs vignes, cet antique honneur d'une contrée jusqu'alors si continuellement protégée, leurs vignes sont bien malades. Elles sont rongées à leur racine par le phylloxéra, cet implacable et imperceptible ennemi, qui a déjà détruit les cépages de l'Hérault et qui est en train de s'attaquer à la côte d'Or.

Je l'ai vu, ce fléau; je l'ai contemplé, ce monstre. Sous la lentille du microscope, il m'est apparu dans toute sa hideur. Il participe de la punaise et du crabe; il a un petit manteau d'ailes transparentes et des yeux très indiqués.

— C'est ça, me disais-je, ça qui fait trembler la France entière; ça qui a déjà consommé tant de ruines et coûté autant que l'indemnité allemande! Voilà donc ce qui s'appelle un fléau! Ça, ce point presque invisible que l'ongle cherche vainement pour l'écraser, ça est une légion, ça est une armée formidable! Et ça ne peut être vaincu par l'homme?

Alors, quel est donc le plus petit de l'homme ou du phylloxéra?

Les Bordelais, quoique atterrés, ne peuvent pas et surtout ne veulent pas y croire. En dépit des statistiques qui marquent de larges points noirs leurs propriétés, ils s'écrient effrontément : « Nous ne sommes pas phylloxérés! » ou bien : « Nous le sommes si peu! » Ils traitent les courtiers d'alarmistes et mettent sur le compte de la grêle les ravages qu'ils ne peuvent soustraire aux yeux.

Le caractère national ne perd jamais ses droits.

L'avant-dernière station du chemin de fer du

Médoc est Soulac, situé sur le bord de l'Océan. Le Vieux-Soulac a, depuis plusieurs années, choisi le 4 septembre pour sa fête annuelle, et j'ai été invité au banquet de deux cents couverts qui y a eu lieu à cette date.

On sait que, chaque année, une commission ministérielle décerne une grande médaille au vignoble « le mieux tenu » du Bordelais. Cette année moins que jamais la commission ministérielle n'a voulu se départir de cet usage. Ne faut-il pas faire contre mauvaise fortune bon cœur?

La grande médaille, désertant le Médoc, est allée s'abattre sur la rive d'en face, à la côte de Bourg, toute fière et un peu étonnée de cette distinction. Le domaine qu'elle a signalé s'appelle du nom original de *Mille-Secousses* et s'étend au bord de la Dordogne, vis-à-vis du Bec-d'Ambès.

Son heureux propriétaire est M. Paul Chenu-Lafite.

Il m'a été donné de visiter Mille-Secousses et ses vignes exceptionnellement florissantes. Hautes d'un mètre et demi, épaisses, vertes d'un vert riche et sombre, couvrant plus de cent hectares de terrain, elles contrastent insolemment avec leurs voisines, pâles et grêles.

A quoi attribuer ce phénomène? A une expérience hardie et qui commence à trouver des imitateurs. M. Chenu-Lafite a inondé ses vignes avec l'eau du fleuve, qui est composée d'un limon à la fois mordant et fertilisateur. Cette submersion s'est accomplie au moyen de pompes puissantes et de machines élévatoires. Surpris par cette douche imposée et prolongée à plusieurs reprises, l'insecte homicide a été asphyxié et tué.

De plus, la vase de ce Nil girondin a provoqué une végétation merveilleuse.

Le procédé était bien simple, quoiqu'il ait été violemment attaqué. Mais tout le monde n'a pas un fleuve sous la main, comme le propriétaire du château de Mille-Secousses.

Que si l'on m'interroge sur l'origine de ce nom, je répondrai ce que m'a répondu M. Chenu-Lafite :

— C'est plus simple qu'on ne le croirait... Autrefois, les chemins qui mènent à ma propriété étaient tellement impraticables, et il en résultait de tels cahots pour les gens en voiture, que les cochers finirent par lui donner le nom de Mille-Secousses... qu'elle a gardé.

Convenons-en : aller fêter l'anniversaire du 4 Septembre au Vieux-Soulac n'était pas le fait d'une âme vulgaire. Je n'ai qu'à me féliciter de cette excursion. Le banquet commémoratif, organisé par les soins de M. Eugène Avril, ingénieur de la Compagnie du chemin de fer du Médoc, réunissait, comme je l'ai dit, deux cents à deux cent vingt personnes. D'excellents discours ont été prononcés : par M. Achard, député; par M. Delboy, membre du conseil général; par M. Gilbert Martin, de la presse bordelaise, etc.

A six heures du soir, — le banquet ayant commencé à midi, tous les convives étaient dans l'eau.

Soulac était, dans les temps anciens, un lieu de pèlerinage, comme Lourdes. Il avait de plus une spécialité de reliques qui pouvaient défier les collections les plus renommées, comme on en jugera par le vieil inventaire suivant.

(Il n'est peut-être pas inutile de prévenir le lecteur que ce document est absolument sérieux.)

« Du bois de la vraye croix de I.-C.; — de la pierre sur laquelle feut posée ladicte croix; — du bois de la crèche où I.-C. feut né; du lait de Nostre-Dame; — de Nostre-Dame quand elle conceut I.-C.; — de la chandelle qui feut portée par l'ange à la nativité de Iésus-Christ; — huit graines de froment qui feurent semés et crues tout en une heure, quand Nostre-Dame s'enfuit en Égypte; — trois feuilles de palme qui feurent iettées devant Iésus-Christ en l'entrée de Iérusalem; — de l'onguent que Marie-Madeleine oignit

I.-C.; — un os du doigt de saint Pierre; — un os du doigt de M. saint Jean-Baptiste; — une pierre de quoy saint Étienne feut lapidé; — de la chair de M. saint Georges; — de la chair de M. saint Barthélemy; — des cheveux de M. saint Guillaume; — des cheveux de sainte Marie-Madeleine; — de la robe de saint Amand; — des ossements de saint Léonard, de saint Gilles, de sainte Anne, de sainte Agnès, de saint Privat, de saint Maixent, de sainte Hélène; — du sépulcre de Nostre-Dame; — du sépulcre de saint Claude; — du chef de sainte Luce; — de la chausse de saint Christofle; — un saint Innocent tout entier; — un os de saint Blaise, — de la croix de saint André. »

N'avais-je pas raison d'avertir que cet inventaire était authentique, et ne le croirait-on pas fabriqué par un farceur quelconque?

La relique la plus étonnante est la chandelle que portait l'ange lors de la Nativité.

L'église du Vieux-Soulac est desservie maintenant par des moines bénédictins, qui ont bâti à côté un superbe monastère où ils fabriquent non pas de la liqueur de table, mais un vulgaire dentifrice. Un dentifrice! Il ne manquait plus que cela.

Les dieux s'en vont, les rois s'en vont, tout le monde s'en va, — excepté les moines.

EN ESPAGNE

Épisode des fêtes de Madrid :
On m'assure qu'un membre de la Société de philanthropie est allé se jeter aux pieds du directeur des courses de taureaux, pour le supplier de remplacer les chevaux par des vélocipèdes.

Ne vous récriez pas.

Il paraît qu'il y a des précédents.

A Bilbao, il y a quelque temps, des courses ont eu lieu, où le service des chevaux était fait par des vélocipèdes. Comme cela, plus d'entrailles traînant dans l'arène, plus d'agonie révoltante...

On a vu avec admiration (selon une version de M. Batisto de Leguina) un picador, la lance au poing, monté sur un vélocipède comme sur le meilleur cheval de Cordoue, affronter un taureau des plus redoutables.

Ne pouvant s'arrêter, une fois lancé, sous peine de perdre l'équilibre, c'était un spectacle curieux de le voir tourner deux ou trois fois sur lui-même, jusqu'à ce qu'il se trouvât juste en face de l'animal.

Une fois, celui-ci parvint à le renverser; mais blessé au cou par le picador, il roula lui-même à terre, aux cris de joie de toute la foule.

Je doute, malgré cela, que le vélocipède soit appelé sérieusement à remplacer le cheval dans les courses de taureaux.

Ou bien, si l'on entre dans cette voie, il n'y aura plus moyen de s'arrêter.

Une machine en amènera une autre. On voudra tuer le taureau à la mécanique. Peut-être appellera-t-on la vapeur à l'aide.

Ce sera fort ingénieux, mais ce ne sera plus classique.

Espagnols! revenez aux chevaux.

Restez sanguinaires et pittoresques!

FANTAISIES

DE PARIS A PARIS

En principe, je n'aime pas le paradoxe; et cependant je suis bien forcé de convenir que le paradoxe a quelquefois du bon, c'est-à-dire du vrai...

Ainsi, j'affirme que Paris est, de toutes les villes du monde, celle qui est la moins connue et qui manque le plus d'historiens.

Cette assertion fera peut-être pousser quelques hauts cris; mais les hauts cris n'ont jamais passé pour des raisons.

Un instant, il y a quelques années, j'ai pu croire que cette lacune allait être comblée : un étranger, dont j'ai oublié le nom, venait de publier chez Hetzel ou Dentu — je ne sais plus au juste — un volume intitulé : *Découverte de Paris par une famille anglaise.*

Découverte de Paris! C'était cela!

Une terre inconnue! un royaume nouveau! des habitants bizarres! des mœurs singulières!

Tout cela jugé par de bons insulaires de la Grande-Bretagne, sans doute par une honnête famille de raffineurs de Manchester ou de couteliers de Sheffield, — père, mère, fils et jeunes filles; âmes candides, neuves et ouvertes à l'imprévu; esprits justes comme des chiffres et droits comme des lames!

J'allais enfin trouver des impressions vierges; car il ne faut pas compter sur un Parisien pour vous renseigner sur Paris. Ne sortez pas le Parisien du boulevard, — je ne dis pas des boulevards. Il ignore tout, sachant qu'il peut tout savoir; il n'a rien vu, sachant qu'il peut tout voir, qu'il verra tout lorsque l'envie lui en prendra, quand cela *lui fera plaisir*, lorsqu'il *passera par là*. Mais il ne passe jamais par là, l'envie ne lui en vient jamais, il remet son plaisir au lendemain — qu'il ajourne sans cesse. Que voulez-vous! le Parisien n'a pas le temps. Voilà le grand mot. Il est ou il se fait passer pour l'homme le plus affairé du monde.

Malheureusement, j'ai regret à le dire, il n'y a d'amusant que le titre dans la *Découverte de*

Paris par une famille anglaise. C'est un livre à refaire.

LA SONATE DU PRINTEMPS

Rien d'adorable comme les premiers jours de printemps.

C'est d'abord, comme le grand air de la *Calomnie*, un léger bruit rasant la terre, un frisson universel. Les feuillaisons sont timides : quelque chose comme une rumeur verte à la cime des arbres. Le buisson ouvre des yeux modestes : ce sont les violettes. L'herbe s'éclaire d'étoiles blanches : ce sont les marguerites.

La nature a quatorze ans au mois d'avril ; elle en a seize au mois de mai.

Anciens et modernes, tous les auteurs ont chanté le printemps.

Pétrarque, le doux Pétrarque, l'associait à son amour.

Ronsard également, — alors qu'il soupirait l'odelette immortelle : *Mignonne, allons voir si la rose...*

Alfred de Musset, entre deux *Nuits* désespérées, fait rire le gazon sur le flanc des coteaux.

Théophile Gautier a appelé le printemps : *perruquier furtif*.

Henri Heine, ce Voltaire ému, lui a fait, dans son *Retour*, une escorte de hussards bleus sonnant de la trompette aux portes d'une ville.

Lorsqu'un poète n'a plus rien à dire, il chante le printemps.

C'est le thème éternel.

Il y a aussi des peintres printaniers, comme il y a des poètes printaniers.

Watteau était de ceux-là, et Lantara, et Corot.

Et les musiciens printaniers, qui chantent comme les oiseaux gazouillent ! On les nomme Grétry, Cimarosa,

> Heureux Napolitain dont la folle musique
> A frotté, tout enfant, les deux lèvres de miel !

Même les gens qui ne sont pas poètes — et le nombre en est considérable — le deviennent au printemps, la plupart sans s'en douter.

Exemple :

Un jeune homme et une jeune fille se promènent dans le bois de Fleury, qui n'est encore que le bois fleurissant. Ils sont partis pour cette escapade avec l'espoir de bien rire et de bien s'amuser. Mais ils ont compté sans le printemps, qui leur gonfle le cœur et les rend silencieux. La main dans la main, ils marchent dans l'allée claire sans se dire un mot. Pourtant leurs cœurs s'entendent et leurs visages rayonnent.

Le garde du bois les a regardés passer en souriant.

. . . .

En présence de la fête du printemps, pendant toute la journée de Pâques, les Parisiens, que l'on représente comme perpétuellement occupés à des machinations politiques, se sont appliqués consciencieusement à découvrir pour la millième fois... les environs de Paris.

Des Argonautes en chapeau de paille semblable à une écuelle renversée, montés sur une frêle embarcation, ont doublé le cap du Bas-Meudon et reconnu la tribu des Contesenne, — cabaretiers de père en fils. Le capitaine a écrit sur son livre de bord : « Ces indigènes se laissent facilement approcher, et nous avons pu renouveler chez eux nos provisions de vin et de biscuit. Seulement, ils nous ont fait payer le tabac un peu cher. »

Ces hardis navigateurs, après avoir essuyé un grain à la hauteur du pont de Sèvres, se sont approchés assez près du gros bourg de Saint-Cloud pour pouvoir distinguer les numéros que chaque arbre porte à son tronc sur une plaque de fer-blanc.

— Comme les marchands de la halle, fit observer le second; mesure de police, sans doute!

Pendant ce temps, d'autres voyageurs, pédestres ceux-ci et non moins aventureux, s'enfonçaient dans les terres. Une expédition commandée par un bonnetier de la rue de Rivoli traversait le bois de Vincennes et relevait des lacs, des étangs, des villages à peu près inconnus.

Un atelier tout entier de fleuristes campait à Nogent-sur-Marne.

Un descendant de Vasco de Gama, escorté de quelques amis armés jusqu'aux dents, pénétrait à Joinville, et, de là, il adressait à l'un de ses amis, membre de plusieurs sociétés savantes, un mémoire où se lisait cette phrase :

« J'ai mangé ici d'un animal singulier et que tu ne connais peut-être pas. On l'appelle *lapin.* »

LA CAMPAGNE

Tout le monde n'aime pas la campagne; mais je dois ajouter que c'est le petit nombre. Chapron citait un jour la définition de Xavier Aubryet: «Des endroits humides où l'on ne trouve que des oiseaux crus. »

Léon Gozlan était, lui aussi, un ennemi de la campagne et des fleurs. « Ne me parlez pas, dit-il quelque part (*Une Visite chez Bernardin de Saint-Pierre*), de l'exécrable lilas, cette fleur violacée et poivrée, qui croît sur le fumier de Romainville pour aller parer le sein des grisettes du faubourg du Temple. »

Duranty, mort récemment, l'avait pris sur le ton de la diatribe, et je retrouve de lui un article : *Que nous veut la campagne?* Il murmurait, ou plutôt il grognait : « Je veux vider une fois pour toutes le différend de Paris avec la campagne. Voyant tant de gens célébrer la paix des champs, je suis parti bien souvent, mon admiration toute faite d'avance, et je suis allé seul regarder la nature et me chauffer au soleil. C'était absolument triste et fatigant, et l'on se sentait si peu animé, si peu excité, que la cervelle devenait vide et silencieuse à son tour. »

Baudelaire était dans les mêmes idées. Il avait un idéal de paysage extra-naturel, fait exclusivement avec du métal, du marbre et de l'eau, et d'où le végétal était banni comme irrégulier. Pas de soleil, pas de lune, pas d'étoiles. « Au milieu d'un silence d'éternité montent, éclairés d'un feu *personnel*, des palais, des colonnades, des tours, des escaliers, des châteaux d'eau d'où tombent, comme des rideaux de cristal, des cascades pesantes. »

Difficile et coûteux à réaliser, l'idéal de Baudelaire !

CLOISONS D'HÔTEL

Plus elles sont minces, plus je suis content.

J'entends tout ce qui se passe dans les chambres voisines ; et mon métier d'écrivain humoristique ne consiste-t-il pas à surprendre la vérité ?

On ne saurait être mieux situé pour cela que dans les chambres d'hôtel. La vie n'y a presque plus de mystères ; on dirait les oiseaux d'une même cage gazouillant et se coudoyant.

Henry Monnier, si admirable dans l'art de saisir au vol les bourdonnements de la foule et les propos saugrenus des passants, a dû beaucoup pratiquer la chambre d'hôtel. Elle a été pour lui ce que la chambre noire est pour le dessinateur.

Non seulement, grâce au peu d'épaisseur des cloisons, il est facile d'entendre ce qui se passe dans les chambres d'hôtel, mais encore certaines gens s'arrangent de façon à voir ce qui s'y fait.

Oui, il y a des êtres assez possédés du démon de la curiosité, ainsi indiscrets, assez pervers, assez coupables pour pratiquer des trous à travers les portes.

Ceux-ci voyagent avec une vrille.

On ne saurait trop dévoiler leurs honteuses manœuvres. Avec eux, plus de sécurité possible. L'intimité s'écroule comme un château de cartes.

A Lyon, il me souvient qu'un soir, étant entré d'assez bonne heure dans ma chambre d'hôtel et m'étant couché immédiatement, après avoir éteint ma bougie, je fus réveillé au bout de quelque temps par une myriade de petites lueurs qui partaient d'une porte de communication.

Autant de trous de vrille.

Le tableau de la *Grotte des yeux* dans *le Pied de mouton !*

Je me mis à rire involontairement tout haut.

Aussitôt, il se fit un chuchotement dans la chambre voisine, mêlé à un bruit de pas.

— As-tu entendu ? dit une voix de femme.

— Oui, répondit une voix d'homme.

— Il y a quelqu'un à côté.

— Rien de plus certain.

A ce moment, je toussai assez bruyamment.

— C'est un monsieur, remarqua la femme.

— Qu'est-ce que cela nous fait ?

— Il nous écoute peut-être causer.

— Nous ne pouvons pas l'en empêcher; tu l'écoutes bien tousser, toi.

— Il se retourne beaucoup dans son lit.

— Dame! c'est son droit.

— Tu conviendras que c'est fort désagréable tout de même, dit la femme.

— Pourquoi?

— J'espère que tu as bouché le trou de la serrure.

— Non; mais je vais le boucher.

L'entretien continua pendant quelque temps sur ce mode discret.

Puis j'entendis le couple se coucher et je vis souffler la lumière.

Alors je voulus leur donner le même spectacle qui m'avait frappé tout à l'heure.

Je rallumai ma bougie.

Un petit cri m'avertit que l'illumination produisait son effet.

— Vois-tu? dit la femme.

— Parbleu!

— Nous ne pouvons pas rester dans cette chambre.

— Eh bien! nous nous en ferons changer demain matin.

Ils dormirent mal, et, dès le point du jour, je les entendis requérir le garçon à grand vacarme de sonnettes.

— Garçon ! garçon !

— Qu'est-ce que monsieur désire ?

— On n'est pas chez soi, ici, garçon. Regardez tous ces trous... là... là... et encore là... Qu'est-ce que cela signifie ?

— Ah ! monsieur, il y en a bien d'autres, allez ! dit le garçon... Tenez, celui-ci à côté de la glace, et celui-là près de la cheminée... grand comme une pièce de dix sous...

— C'est une indignité ! murmura la femme.

Les garçons d'hôtel sont lents et difficiles à s'émouvoir.

Celui-ci reprit :

— Il n'y a pas de ma faute... Dans le commencement je n'étais occupé qu'à les boucher... mais on en perçait de nouveaux le lendemain... J'y ai renoncé.

Et il ajouta d'un adorable ton dégagé :

— Que voulez-vous, madame ! Il y a des polissons partout... Le mieux est de ne pas y faire attention, croyez-moi.

RENOUVEAU

Le printemps qui se produit en ce moment à

la campagne est presque aussi intéressant dans son genre qu'un mouvement préfectoral ou qu'un mouvement judicaire. D'abord, il est général. C'est une transformation qui s'opère d'un bout du monde à l'autre, une métamorphose éblouissante et qui s'accomplit sans décret. Le ministère du printemps a supplanté le ministère de l'hiver.

Tout s'est bien passé, d'ailleurs, sans brusquerie, sans surprise. On était averti depuis longtemps. Cela s'est fait sans déplacement; on n'a pas envoyé les orangers dans le Nord. Les mêmes arbres ont été conservés à leur poste; les mêmes buissons ont été maintenus dans leur emploi défensif. Seulement, les uns et les autres ont été priés, par une circulaire des plus polies, d'avoir à renouveler leur toilette, c'est-à-dire à se parer, à se fleurir. Le nouveau gouvernement n'a rencontré aucune opposition de ce côté-là.

Les pêchers et les pommiers ne se le sont pas fait dire deux fois; leur coiffure exubérante et odorante a eu beaucoup de succès. L'aubépine a manifesté son zèle une des premières. Les lilas ont crié : *Vive le printemps!* avec un entrain merveilleux. En leur qualité de hauts fonctionnaires, les peupliers avaient revêtu un habit vert tout neuf. Tous ont témoigné de leur obéissance et de leur fidélité au nouvel ordre de choses — ou de roses.

Il y a bien par-ci par-là, comme toujours, quelques arbres trop vieux mis à la retraite, quelques saules trop pleureurs qu'on a été forcé de destituer, quelques rosiers démissionnaires, — mais c'est l'exception. En somme, l'impression, à Paris comme dans les départements, a été absolument satisfaisante; les meilleurs rapports nous arrivent à chaque instant. On peut considérer dès aujourd'hui le régime du printemps comme définitivement fondé.

Tout dépend maintenant du soleil. Notre confiance en lui est grande. Il a une mission magnifique à remplir; espérons qu'il n'y faillira pas. Il saura déjouer et réduire à néant les folles tentatives de ces deux partis, à demi-vaincus, mais toujours en éveil : la gelée et la pluie.

LE SOLEIL

Je ne suis pas l'ennemi du soleil, loin de là. C'est un astre bon enfant, quoique magnifique. Il est souvent indiscret peut-être, mais il est excellent pour les rhumatismes. On l'a quelquefois blagué; Roqueplan a dit de lui :

« Le soleil est la plus brillante des sept grandes planètes; toutes tournent autour de lui. La lune seule montre assez d'indépendance et de bon goût pour s'abstenir de cette rotation courtisanesque. Le soleil n'étant donc pour nous qu'un astre et non pas un dieu, il n'y a aucune irrévérence à lui dire son fait.

» En un mot, si le blé pouvait venir en serre chaude, on pourrait tout à fait se passer des caresses brûlantes de ce gros astre aux yeux d'escarboucle, dont la face s'encadre dans une auréole d'allumettes chimiques en combustion. Il s'agit de compter les bienfaits qu'il répand sur les pays objets de sa prédilection et de comparer ces pays à ceux qu'il se contente de frotter dédaigneusement de l'extrémité de sa crinière ardente.

» La peste, le choléra, la stérilité de la terre, la brièveté de la vie, les bêtes féroces : voilà ce qu'il donne aux climats du Sud.

» Que gagnons-nous, nous autres Parisiens, à la visite du soleil ? — De la chaleur.

» Ah ! vraiment, que Paris est beau par un jour de chaleur ! Que cette population glutineuse est belle à voir ! Ah ! les beaux visages rouges et perlés, les beaux cheveux frisés en chandelles, les belles mains gonflées, la belle poussière, la bonne asphyxie, les bons chiens enragés !...

» Les adorateurs les plus fanatiques du soleil n'apprécient que son lever et son coucher, c'est-à-dire le moment où il ne brille pas encore et le moment où il disparaît. »

C'est bien le jugement d'un soupeur, comme était Nestor Roqueplan, d'un homme qui ne comprenait que la vie aux bougies.

Un autre de mes amis, Gabriel Prévost, lui a jeté à la face quelques vers intitulés bravement :

APOSTROPHE D'UN IVROGNE AU SOLEIL

Bonjour, ami Soleil ; comment va la santé ?
La mienne, je ne sais pourquoi, va de côté...,
J'ai bu, c'est vrai, mais toi, tu bois aussi, je pense ;
Tu connais le secret de boire sans dépense,
Mais tu bois ; — ton gosier est des meilleurs, dit-on ;
Et quand sur l'Océan, que rase ton menton,
Tu te mets à calmer la soif qui te dévore,
Sans souci des humains, tu bois plus d'une amphore.
Seulement, nous avons chacun notre tonneau :
Ma boisson, c'est le vin, et la tienne, c'est l'eau.

A chacun son métier, à chacun sa besogne :
A toi de réchauffer les coteaux de Bourgogne,
A moi d'en absorber les consolants produits !
Je serai généreux : je te laisse les puits.

La chute est heureuse.

PROVINCIAUX A PARIS

Le beau temps aidant, les étrangers et les provinciaux prolongent leur séjour dans notre *capitale*, sur les magnificences de laquelle ils ne sont pas rassasiés. Il paraît que, pour quelques âmes neuves, Paris est encore un des plus attrayants spectacles qui soient au monde. Nous autres, nous sommes blasés sur les merveilles que nous coudoyons chaque jour, — ou plutôt nous nous figurons que nous le sommes; cela arrange notre paresse. Il faut, de temps en temps, qu'un Persan ou un Norvégien s'écrie à nos oreilles : « Ah ! comme c'est beau ! Comme c'est magnifique ! » pour que nous daignions murmurer : « Oui, ce n'est pas mal..., en effet, c'est assez gentil. »

Et, pendant que l'étranger se laisse aller à son dithyrambe, nous nous rappelons, selon le quartier que nous habitons, que nous ne sommes point passé devant Notre-Dame depuis trois ans, que nous n'avons traversé le jardin des Plantes qu'une fois cette année, que Saint-Séverin et le Val-de-Grâce nous sont à peu près inconnus, que la place Royale remonte à nos souvenirs d'enfance, que nous n'avons vu le parc Monceau qu'en voiture — et que nous n'entrons dans les galeries du Louvre que lorsqu'il pleut.

Je sais un de mes amis qui est né à Paris, qui a été élevé à Paris, qui demeure à Paris — et qui ne connaît Paris que *de réputation*, comme on dit. En revanche, nul mieux que lui n'est familier avec Londres, Florence, Amsterdam, Séville ; il vous guiderait les yeux fermés à travers les détours de Constantinople. Ce Parisien se propose très sérieusement de borner, un jour ou l'autre, la série de ses voyages par un voyage... à Paris. Ce jour-là, il s'armera résolument d'une malle, descendra dans un hôtel et commencera consciencieusement l'exploration de sa ville natale, après avoir eu le soin de se munir d'un *Guide de l'étranger*.

Un journal languedocien écrivait l'autre jour dans sa chronique locale : « Notre préfet est actuellement en villégiature à Paris. »

On a pu en sourire rue aux Ours — et l'on a eu tort.

A part quelques quartiers appartenant à la haute industrie, Paris est essentiellement un *séjour champêtre;* on n'y peut pas faire un pas sans s'y heurter à de la verdure.

Il y a quelques années, un honorable habitant

de Sisteron, M. Arène, le père de notre spirituel confrère, vint à Paris pour la première fois. A son retour, ses compatriotes ne se firent pas faute de l'interroger sur ses impressions.

— Je n'ai jamais vu une ville où il y ait autant d'arbres! leur répondit Arène.

En effet, — sans compter le Luxembourg et les Tuileries, ces deux parcs, — Monceau, cette corbeille de fleurs; les buttes Chaumont, cette réduction de la Suisse; — que d'accidents agrestes rencontrés au détour de chaque carrefour! que de squares touffus! Square Montholon, square Saint-Jacques-la-Boucherie, square Cluny, square du Temple! Et le jardin des Plantes! et les boulevards! et le Palais-Royal! et les Champs-Élysées!

Je vous le dis, en vérité, — Paris est autant une forêt qu'une ville; — et je comprends que les provinciaux y accourent dans la belle saison, pour venir y chercher un peu de fraîcheur et d'ombre.

LES CHEMINS DE FER

Sur les chemins de fer, je me suis rencontré avec nombre de députés en vacance.

Il fallait les voir s'élancer à l'assaut des wagons, — celui-ci à la station d'Avignon, celui-là à la station de Lyon, cet autre à la station de Dijon — tous le chapeau melon sur la tête, le coffret en bandoulière, le veston vainqueur. J'ai pu le constater avec plaisir : la plupart de nos représentants sont encore verts — ou du moins verdoyants.

— Madame, la fumée du cigare vous incommode-t-elle ?

— Un peu, monsieur.

— Alors, je m'en vais fumer par la portière... la mienne... la petite...

— Oh ! non, monsieur... vous introduiriez un courant d'air... je préfère que vous fumiez un cigare... mais un seul...

Et ce mot était accompagné d'un si touchant sourire, que le député ne pouvait s'empêcher de dire :

— La moitié d'un, madame.

— Merci, monsieur... mon mari, qui est un de vos importants électeurs, vous en remerciera...

Voilà à quoi les députés sont exposés en voyage.

« Dis-moi où tu as passé tes vacances, je te dirai quel député tu es. »

Les uns aiment les lacs; ce sont les rêveurs, les cœurs tendres; — les autres se précipitent à travers les pays vignobles; ils prétextent de graves études sur le phylloxéra; ce sont les épicuriens.

Il y en a qui poussent jusqu'à l'étranger, qui franchissent les frontières; ce sont les aventureux, les chercheurs.

Les uns et les autres reviennent à Paris sans enthousiasme. Ils se blottissent dans un coin de wagon, le regard soucieux, la pensée perdue dans ce passé de quinze jours si vite envolé.

AU PAYS ALLEMAND

Au pays allemand, dans les petites villes peintes en bleu pâle et en rose tendre, on trouve des localités renommées pour la *cure par le raisin*.

O muse de Rabelais, de Clairville et de Zola! sois-moi propice! Dis-moi les propriétés purgatives — le mot est lâché! — du sang de la vigne, que d'aucuns assimilent aux strophes du poète Sedlitz, l'auteur de la ballade de la *Revue nocturne des champs Élysées!*

(Ironie cruelle du destin! Avoir fait un réel

chef-d'œuvre et s'appeler Sedlitz, — de telle sorte que la postérité vous confondra éternellement avec le pharmacien qui a mis son étiquette sur la bouteille qui a fait courir!)

Donc l'Allemagne, qui a ses Universités où l'on s'emplit la tête, a ses petites villes roses où l'on se purge. Comme bien l'on pense, la physionomie de ces *stations médicales* n'échappe pas au comique, pendant cette période de l'année.

La promenade publique est ornée d'une quantité de petits temples dont la destination se devine. Il est très fréquent de voir une personne se détacher tout à coup d'un groupe où elle était engagée en conversation, pour se diriger vers ces petits temples, y entrer rapidement et y disparaître.

Les rencontres et les salutations sur la voie publique ont un tour assez piquant.

— Bonjour, Wilhelmine.

— Bonjour, Frantz.

— Vous êtes ce matin plus fraîche que la rosée.

— Ne badinez-vous pas? Vous-même, Frantz, je vous trouve un visage tout épanoui.

— C'est le raisin, ô mon adorée!

— Vous croyez, cher Frantz?

— J'en suis sûr, mon amie; les grappes de ce coteau ont des vertus surprenantes.

— Surprenantes est le mot...

Ici, le jeune homme pâlit soudain, s'interrompit et opéra une prompte retraite.

La jeune fille aux yeux de porcelaine bleue, Wilhelmine sourit un instant et poursuivit son chemin en respirant une fleur.

EN WAGON

En chemin de fer. — La scène se passe dans un wagon, entre un monsieur et une dame inconnus l'un à l'autre. Il est nuit.

LE MONSIEUR. — Madame?

LA DAME. — Monsieur?

LE MONSIEUR. — Vous plairait-il d'allonger vos jambes entre les miennes?

LA DAME, *sèchement*. — Non, monsieur.

LE MONSIEUR. — Alors permettez-moi d'allonger les miennes entre les vôtres.

LA DAME. — Mais pas du tout.

LE MONSIEUR. — Cependant, madame, si nous voulons passer commodément la nuit, il me paraît indispensable de convenir de certaines dispositions relatives à l'arrangement de nos...

anatomies. Une fois que vous aurez décidé de la place que doivent occuper mes pieds, soyez certaine que je m'y tiendrai dans l'immobilité la plus parfaite... Voyons, madame, allongez-vous ou n'allongez-vous pas?

LA DAME. — J'allonge, monsieur, j'allonge.

LE MONSIEUR. — Bonsoir, madame. (*La dame ne répond pas.*)

(*Cent lieues sont franchies à toute vapeur.*)

LE MONSIEUR, *en s'éveillant, à la dame.* — Voyons, ôte donc tes pieds de là!

UN COMPARTIMENT

Qui racontera les petites faiblesses et les grandes énergies dont on est capable pour se procurer ou pour conserver à soi tout seul un compartiment de wagon.

On se fait bourru; on descend jusqu'au mensonge.

Qu'un monsieur se présente à la portière en demandant *s'il y a une place*, on lui jette brusquement cette phrase au nez:

— C'est complet!

— Mais cependant, celle-ci...

— Vous voyez bien qu'elle est marquée.

Dans ma prime jeunesse, j'excellais à confectionner des bonshommes avec des couvertures de voyage : je les dressais, enveloppés d'un paletot, entortillés d'un cache-nez, coiffés d'un chapeau rabattu. A la nuit, cela faisait illusion ; — les employés du chemin de fer s'y trompaient eux-mêmes et leur demandaient leur ticket.

Un de mes amis réussissait à éloigner les convoiteurs de place et à organiser le vide autour de lui en étendant une couche de blanc sur sa figure, naturellement maigre. Un bonnet de soie noire sur la tête, l'œil éteint, les dents claquantes, il avait l'air d'un moribond véritable ; il suait l'hôpital et la peste. Personne ne se sentait assez intrépide pour voyager en sa compagnie.

Au bout de deux ou trois stations, lui et moi, nous restions seuls dans le wagon, — lunchant et fumant.

SÉNATEURS EN VOYAGE

On rencontre actuellement en voyage presque tous les sénateurs, mais on ne les reconnaît pas toujours.

La plupart d'entre eux, afin de passer tranquillement leurs vacances, et pour dépister la curiosité publique, ont introduit de notables changements dans leur physionomie et dans leurs costumes. La droite a laissé croître sa barbe, la gauche a fait raser la sienne. Tel réactionnaire s'est crânement coiffé du chapeau mou, sous lequel il est bien certain que l'œil de ses commettants n'ira jamais le chercher. Tel bonapartiste a résolument sacrifié pour un mois ses accroche-cœurs sur les tempes. — L'accroche-cœur! un signe de ralliement, une religion!

J'ai vu, ces jours derniers, au buffet de Mâcon, un de « nos honorables ». Il portait des lunettes à verres teintés et mangeait, sans regarder personne, la tête dans son assiette. Dans cet homme silencieux, qui est-ce qui aurait deviné un des plus intrépides interrupteurs du Sénat. Moi seul, — et je mis une certaine malice à abuser de ma perspicacité.

D'abord, je le priai de me faire passer la salière, qui était à peu de distance de sa main.

Il me la passa sans desserrer les lèvres.

Mais je voulais entendre sa voix, et je lui dis :

— Pardon, monsieur; savez-vous à quelle heure repart le train pour Lyon?

Je n'obtins qu'un *non* tout sec. Ce n'était pas

assez; je revins à la charge. Je fus insidieux, et je compliquai ma demande cette fois :

— Monsieur, veuillez être assez obligeant pour me dire la distance qui nous sépare de Mâcon?

— Je ne sais pas, grogna-t-il sourdement.

C'était bien lui.

Sa mauvaise grâce à me répondre m'encouragea à le faire souffrir un peu plus.

— C'est singulier, monsieur, comme vous ressemblez à quelqu'un de ma connaissance... quelqu'un que je rencontre souvent à Paris...

Il tressaillit et inclina plus profondément sa tête dans son assiette. Il mangeait avec rage, il mettait les morceaux en double.

— Sans les lunettes, continuai-je, j'aurais juré... mais les lunettes, ça change complètement, vous savez... C'est égal, il y a de ces bizarreries... convenez-en, monsieur.

L'impatience le gagna; il se sentit reconnu, et, se retournant tout à coup vers moi :

— A la fin, que me voulez-vous, monsieur? dit-il.

— Oh! peu de chose...

— Mais encore?

— Savoir ce que vous pensez du conflit ottoman.

Le sénateur se leva comme par un ressort, repoussa sa chaise, reprit son chapeau et sortit précipitamment, sans avoir achevé son dîner.

LES HÔTELS

Les hôtels ont tous, comme on le sait, un registre où chaque arrivant est tenu de répondre à ces sept points d'interrogation : *Nom et prénoms; — âge; — profession; — lieu de naissance; — domicile habituel; — d'où il vient; — où il va.*

D'ordinaire, j'en use assez librement avec ce questionnaire indiscret, c'est-à-dire qu'en dehors du nom et du domicile, je ne lui livre que ce qui me plait, — tantôt m'attribuant l'âge d'un adolescent, tantôt indiquant comme lieu de destination un point extrême du globe.

L'aveu de ma profession était jusqu'à présent la chose qui me coûtait le plus. Homme de lettres! Je prévoyais, que, sur la lecture de ces mélancoliques syllabes (orgueil et indigence!), l'hôtelier allait m'envoyer au quatrième étage.

J'éludais quelquefois la difficulté en me qualifiant de professeur ou d'étudiant. Une fois, je m'inscrivis étourdiment : *journaliste*. On me répondit qu'il n'y avait plus de chambres disponibles dans l'hôtel. On me redoutait...

Mais, ces jours derniers, j'ai enfin trouvé le *joint*; il m'a été fourni par un examen attentif des registres de deux ou trois hôtels suisses.

Désireux comme moi de garder une certaine discrétion sur leurs moyens d'existence, un assez grand nombre d'étrangers ont adopté le titre de *particulier*.

« PROFESSION : particulier. »

C'est une trouvaille !

Il n'est pas de substantif plus élastique ; c'est le *Je passe ici par hasard* du *Hussard persécuté*.

Décidément je lâche l'*homme de lettres*, — en voyage, — et je me fais *particulier*.

A MARLY

Être invité à un repas joyeux, c'est bien ; mais y être invité en vers, en jolis vers, c'est mieux. Merci donc à mon ami Albert Garnier, dont le petit billet poétique me convie à un choc de verres dans les feuillages de Marly.

Voici le commencement et la fin de son épître (le milieu étant d'un ton trop intime pour être cité) :

> Le soleil fait des siennes ;
> Entr'ouvre tes persiennes ;
> Peux-tu dormir ainsi ?
> Le facteur, à ta porte,
> En ce moment apporte
> La lettre que voici.
>
> « Qui donc songe à m'écrire ? »
> En vain tu voudrais lire,

Tu refermes les yeux...
. . . .

Ne t'endors pas si vite :
A dîner l'on t'invite,
Sur la Seine, en aval ; —
Un pays de verdure,
De vin frais, de friture,
Tout près de Bougival.

Vois, le soleil décline
Derrière la colline,
Laissant l'ombre aux prés verts.
Sous un arbre, qui penche
Au bord de l'eau sa branche,
On dresse nos couverts.

Les oiseaux dans la haie
Taisent leur note gaie ;
La campagne est sans bruit,
Et sans bruit est la route.
Tu parles ; moi, j'écoute...
Il est déjà minuit !

A NOGENT-SUR-MARNE

Si la rhétorique était bannie du reste de la terre, on la retrouverait sur les lèvres des villageois de la zone de Paris.

Connaissez-vous le marchand d'écrevisses de Nogent-sur-Marne ?

C'est un grivois qui n'a pas mal aux yeux, je vous en réponds. Il n'en faut d'autre preuve que l'anecdote suivante, très authentique :

Par une belle matinée d'été, son panier d'écrevisses au bras, il passait tout le long, le long de la rivière, en sifflant un air de chanson. Tout à coup il s'arrêta devant un tableau fait à souhait pour le plaisir des yeux.

Deux femmes se baignaient, profitant de la fraîcheur des premières heures du jour, deux des plus charmantes femmes qu'il soit possible de voir, — mesdames Théo et Angèle pour tout dire. — Elles se baignaient devant leur habitation, vêtues d'ailleurs du costume obligatoire, mais considérablement accourci et enjolivé.

Le marchand d'écrevisses s'était immédiatement arrêté, comme je l'ai dit; ce qui était tout naturel. Il fit mieux : il posa son panier à terre et s'assit dans l'herbe, afin de se rassasier plus à son aise de cette idylle. Je ne sais même pas s'il ne se frotta pas les mains.

Une idylle, en effet! une réminiscence de *Daphnis et Chloé*, à la mode du XIXᵉ siècle! Daphnis, c'était Angèle; Chloé était Théo, dont le nom est fait de grâce ionienne. Toutes les deux se jetaient des perles d'eau au visage, et à ces perles d'eau succédaient des éclats de rire, ces autres perles. L'une et l'autre, enivrées de rayons et de petits flots frisant autour d'elles, ne prêtaient aucune attention à ce misérable marchand d'écrevisses, elles ne l'avaient même pas aperçu.

Et pourtant cela aurait pu être un banquier déguisé !

Après un quart d'heure de ces ébats, les deux baigneuses, ruisselantes de ces diamants liquides auxquelles elles ont bien tort de préférer les autres, remontèrent lentement la berge, avec de ces doux fléchissements de genou qui sont le rythme de la fatigue.

Le marchand d'écrevisses de Nogent-sur-Marne s'était enfin décidé à se lever. Il allait à leur rencontre, hilare, l'œil brillant, sans se presser lui non plus.

Et, quand il fut en face d'elles, prenant le menton de Théo, il leur dit :

— Savez-vous que, si j'avais des petits rats comme vous dans mon grenier, j'y monterais plus souvent que le chat ?...

A ASNIÈRES

Qui l'aurait cru, que la Société des gens de lettres possédât un comité si fantaisiste ?

Pendant la saison d'été, elle transporte ses dîners mensuels à la campagne, à Asnières, — sur la terrasse du restaurant Cassegrain.

Ma foi, je ne saurais l'en blâmer ! C'est un peu léger, même folâtre ; mais, que voulez-vous ! la chaleur est si forte dans les restaurants de Paris ! Et puis, la friture, la matelote ont tant d'attraits !

La population d'Asnières s'empressera pour contempler les traits d'Emmanuel Gonzalès, qu'on se représente volontiers comme un ancien toréador ; — Pierre Zaccone, habile à ourdir des mystères ; — Émile Richebourg, qui fait couler de douces larmes ; — Gourdon de Genouilhac, qui crée des romans aussi facilement qu'il retrouve des armoiries, si bien qu'on ne sait qui a le plus de succès, ou des nobles qu'il exhume ou des personnages qu'il invente; — Adolphe Bélot, Tony Révillon, Paul Parfait, Eugène Muller, etc.

Et l'ombre d'Hamburger regardera ce spectacle avec attendrissement.

A BOULOGNE-SUR-SEINE

Paul de Kock n'est pas mort tout entier. Ses traditions revivent dans la Lice chansonnière une brave société qui, depuis 1831, n'a pas cessé de « célébrer le champagne et l'amour ».

Quand je dis le champagne, c'est plutôt le petit bleu que je devrais dire. Mais le breuvage n'y fait rien.

Donc, la Lice chansonnière annonce pour dimanche prochain son dîner annuel, dit *Banquet des dames*. — Chapeau bas, s'il vous plaît ! Honneur au sexe ! — Le *Banquet des dames* aura lieu à Boulogne-sur-Seine, et ce sera autant une fête qu'un repas, une fête qui durera toute la journée. Voyez plutôt le programme, qu'on dirait rédigé par *Mon voisin Raymond* ou par la *Laitière de Montfermeil* :

A 10 heures et demie, — rendez-vous chez le restaurateur.

A 11 heures, — départ collectif pour une promenade au bois.

A 1 heure et demie, — à table.

A 4 heures et demie, — séance des chants.

A 8 heures, — distribution des surprises et danses.

A 11 heures, — départ.

Analysons, analysons... Un pareil programme dénote un impresario de première force et vaut la peine d'être commenté.

D'abord, que dites-vous de cette *promenade au bois?* Une vraie idée, cela ! Une promenade avec les dames, bras dessus, bras dessous; herborisation sentimentale, causerie sous une ombrelle, gâteaux émiettés aux friquets. De onze heures à une heure et demie, on a tout le temps de faire connaissance, de « se dire ses caractères », ou de s'isoler, de se recueillir, de chercher l'ombre...

Puis, à une heure et demie, ralliement et retour au restaurant. *A table !* comme dit laconiquement et éloquemment le programme; *à table,* de une heure et demie à quatre heures et demie. Peste! la Lice chansonnière compte bien fonctionner ! On n'a pas de ces appétits-là sous les lambris dorés. — En avant le veau aux oignons et la salade tout humide de rosée !

Mais quatre heures et demie ont sonné ; le président se lève, les mâchoires suspendent leur travail. Nous quittons la période de mastication pour entrer dans la période de lyrisme. *Séance des chants.* Les dames sont engagées à chanter ; elles chantent sous le fard de la pudeur ; les hommes répètent les refrains en chœur.

Les chants durent quatre heures, un peu plus que le dîner. L'intelligence prime la matière ; c'est justice. — Le banquet des dieux ne valait pas certainement le *Banquet des dames.*

Et, comme il n'y a pas de bonne fête sans rigodon, la fête de la Lice chansonnière s'achève par des danses variées.

DANS LE PERCHE

Retour d'une excursion de deux jours dans le Perche.

Le Perche? où perche le Perche? me demanderont peut-être quelques Parisiens endurcis.

Je distrais le Perche des départements de l'Orne et d'Eure-et-Loir, et je vous le donne pour un des plus beaux pays du monde.

Il n'est pas rare d'entendre un habitant du Perche dire avec un tranquille orgueil :

— La France est le résumé du globe; le résumé de la France, c'est le Perche.

Nos paysagistes sont de cette opinion.

La renommée des étalons percherons, les plus beaux depuis les chevaux de Phidias, — n'est plus à faire.

Enfin, il y a une poésie percheronne.

De nos jours un bibliophile, M. Achille Genty, a recueilli plusieurs morceaux de cette poésie, d'une saveur particulière et de l'accent le plus naïf, dus à des auteurs restés inconnus, gens du peuple évidemment.

Cette poésie patoisée va indistinctement du cabaret à la charmille ; elle chante aussi bien *Jan Tras, ray des Peurcherons*, — un roi imaginaire, — que les *Adieux d'ein péesan à son bourri*.

Je vais citer deux couplets de cette dernière chanson, traduits littéralement :

> A Longny, à Nogent, à Bellême,
> Partout, Charlot, tu t'es fait voir.
> Plus d'un aurait voulu t'avoir,
> Mais personne n'en était à même.
> Les plus raides buttes, sans un faux pas,
> Tu les descendais, tout chargé de poires.
> Va, les belles choses qu'on montre aux foires,
> Mon pauvre bourri, ne te valaient pas !

> Heu ! quelle bonne bête ! jamais de coups de pied !
> Jamais rétif, jamais farouche !
> Il n'aurait pas voulu mordre une mouche,
> On l'aurait plutôt estropié.
> Aussi les dames s'en venaient-elles
> Pour monter dessus ; c'était sans fin.
> Lui, portait tout, les laides, les belles ;
> Il était bon comme le bon pain.

Pierre Dupont n'a pas fait mieux dans ce genre.

LOUDUN

Si florissants que soient nos départements, il est encore des petites villes, et dans ces petites villes des faubourgs incroyablement arriérés.

Un exemple m'en est fourni par une brochure du docteur L. de la Tourette, médecin à Loudun.

Loudun est cette ville très pittoresque qui vit brûler vif Urbain Grandier, l'éloquent et beau prédicateur.

En sa qualité de médecin, M. de la Tourette est souvent appelé au chevet des pauvres gens. Il lui faut traverser des quartiers obscurs, rébarbatifs, tortueux, — tels que la rue de l'Estrapade, la rue du Trousse-Galant, la rue du Puits-Gillet, la rue de la Tour-Volu, charmants spécimens de l'âge ancien.

Il y a quelques années, notre médecin donnait

ses soins à un malade indigent, auquel il avait été impossible de faire abandonner son domicile, consistant en une chambre humide du rez-de-chaussée, où l'on arrivait en descendant quatre marches fangeuses.

A chacune de ses visites, M. de la Tourette trouvait l'appartement garni des caillettes du quartier.

Un soir... Mais l'anecdote est assez délicate pour que nous cédions la parole au docteur. La science a tous les privilèges.

« Un soir donc, raconte M. de la Tourette, — je crus nécessaire d'employer un moyen de guérison que j'avais jusqu'alors gardé en réserve. Mais où trouver, dans une maison dont tout le mobilier se composait d'un unique grabat, cet *instrument* qui dénote une certaine aisance? Dès que j'en eus parlé, d'une voix unanime la galerie s'offrit d'aller me chercher *la Dragon*. Ce nom piqua vivement ma curiosité; je priai donc de m'amener *la Dragon*.

» Peu d'instants après, je vis arriver une femme d'un âge mûr, d'une haute taille, au visage sévère, à la parole brève, d'une propreté irréprochable. Elle était coiffée du petit bonnet loudunais, les épaules couvertes d'un grand mouchoir blanc à ramages rouges; son tablier en coton rayé couvrait un jupon noir en droguet du pays. Elle portait dans ses bras un paquet soigneusement fait.

» Après lui avoir expliqué ce que je réclamais d'elle, *la Dragon* ouvrit son paquet, en retira l'arme qui causait une si grande frayeur à M. de Pourceaugnac, administra prestement le remède, nettoya avec la plus grande attention sa propriété, qu'elle enveloppa avec le plus grand soin, — puis se retira, m'annonçant que, quand j'aurais besoin de son ministère, elle se ferait un véritable plaisir d'être à mon service.

Je dois l'avouer, je restai ahuri de cette apparition, de la manière d'agir de l'opérateur et de son départ modeste. Voilà certes un bienfaiteur de l'humanité, digne du prix Montyon, un philosophe entendu, qui met au service de tout un quartier ce qu'il ne prête jamais !

LA PERSE EST OUVERTE

C'est donc vrai, la Perse est ouverte !

Le mot célèbre d'autrefois : *Comment peut-on être Persan ?* a perdu une grande partie de sa signification depuis le voyage du schah Nasser-Eddin en Europe. Au train dont vont les choses, ce mot sera prochainement remplacé par celui-ci : *Comment peut-on ne pas être Persan ?*

Parmi les voyageurs pour lesquels les distances ne sont qu'un jeu, je compte un ami, Fabius Boital, Français et Parisien dans l'âme.

Fabius Boital habite autant Téhéran que Paris. Ingénieur par contenance, il a doté la capitale persane d'un système d'éclairage. Il a même installé la lumière électrique dans le harem et dans le palais du schah. Aujourd'hui, il veut plus : il veut couvrir la Perse de chemins de fer. Il y est autorisé ; il réalisera son désir.

Fabius Boital ne sera content que lorsqu'il aura organisé des trains de plaisir — historiques et classiques — à travers ces grandes et fabuleuses villes : Ecbatane aux sept enceintes, aux créneaux bleus, verts, pourpre, argent et or ; Suze, dont la citadelle formidable recélait les trésors de Xerxès ; Persépolis, avec son palais de Darius où Alexandre se donna une si prodigieuse *cuite*...

L'entreprise est de nature à faire écarquiller les yeux ; mais que voulez-vous ! mon ami estime que le monde est assez grand pour contenir plusieurs *grands Français*, et il tient à être de ceux-là.

En attendant, Fabius Boital donne des conférences, depuis quelque temps, au cercle Géographique. Le technique m'en échappe un peu, mais j'ai trouvé à y glaner quelques anecdotes qui sont du domaine de la chronique.

Celle-ci, entre autres :

En Perse comme en tout pays, il y a eu des généraux incapables et ignorants. Un de ceux-là était, il y a cinquante ans, généralissime des armées du schah, durant la guerre du Caucase. Il fut outrageusement battu par les Russes, qui le rejetèrent sur Tauris et s'emparèrent de toutes les provinces frontières de la Perse.

Mais les vainqueurs, dans la précipitation de la victoire, avaient oublié d'établir leurs droits sur la mer Caspienne.

Lors de la signature des articles du traité de paix, ils revinrent sur cet oubli et firent agir auprès du général persan pour qu'il cédât la Caspienne à la Russie.

Refus du général.

Insistance des négociateurs.

Impatienté de leurs réclamations, le général persan demanda à un de ses aides de camp :

— Mais elles sont donc bien bonnes, ces eaux de la Caspienne, pour que les Russes en aient si grande envie ?

— Non, Excellence, car elles sont saumâtres, salées et mauvaises à boire.

— Bah ! c'est qu'alors elles renferment quelques matières précieuses ?

— Non, Excellence, on n'y trouve que du poisson, et le Coran nous en interdit la consommation.

— Mais alors, conclut ce Ramollot descendant de Cosroès, puisque ces eaux ne nous servent à rien, qu'on les leur donne et qu'ils nous laissent tranquilles !

Et voilà comment la Caspienne est à la Russie.

RETOUR DE THÈBES

J'aime les anecdotes, c'est vrai. J'aime surtout celles que j'ai faites moi-même.

Or, en voici une dont personne ne s'avisera de me contester la propriété.

Camille Étiévant était en ce temps-là secrétaire de la *Petite Presse*.

Il me dit un jour, en me voyant arriver dans les bureaux :

— Nous manquons absolument de faits divers ; en avez-vous sur vous, mon cher Monselet?

Je me fouille, et réponds :

— Vous me prenez un peu au dépourvu... Cependant, attendez!

— J'attends, dit Camille.

C'était à l'époque du voyage en Égypte, de ce voyage artistique et littéraire auquel le khédive avait invité une foule de notabilités : l'impératrice, Théophile Gautier, Duruy, Henry de Lacretelle, Riou, Lambert de la Croix, Darjou, madame Louise Colet, etc., etc.

Je dis à Camille Étiévant :

— Avez-vous des nouvelles de nos voyageurs ?

— Non.

— Inventez-en... d'inoffensives... de pittoresques...

— Allez-y ! répliqua-t-il en me tendant une plume.

Je réfléchis un instant, et j'écris les lignes suivantes qui devaient ne me laisser aucun remords :

« La caravane parisienne poursuit son cours sur les rives du Nil. Un seul incident fâcheux a marqué jusque-là le voyage. Notre spirituel dessinateur Darjou, dans une excursion aux ruines de Thèbes (appelée aussi *Hécatompulos*, la ville aux cent portes, aujourd'hui *Luxor* ou *Louqsor*), a été mordu par un de ces serpents si nombreux autour des temples et des broussailles qui les environnent. La piqûre, sans être venimeuse, a forcé notre ami Darjou à suspendre son voyage et à prendre quelques jours de repos dans l'hôtel principal de Louqsor. »

— Parfait ! s'écrie Camille Étiévant après avoir lu, et en contresignant pour envoyer à l'imprimerie.

Comme tous les faits divers inventés, celui-ci fit le tour non seulement de la France, mais encore de l'Europe et des trois ou quatre autres parties du monde.

Je l'avais absolument oublié, lorsque, un beau soir, sur le boulevard des Italiens, je me rencontrai face à face avec Darjou.

— Cher ami ! lui dis-je en lui prenant les mains, que je suis aise de te revoir !

— Et moi donc !

— Ton voyage s'est heureusement accompli ?

— Heu ! heu !... à peu près... Tu sais que j'ai été piqué par un gros serpent dans les ruines de Thèbes !

LA CAMPAGNE DU CRIME

Et je me promenais le long de la Seine, du côté de Sèvres, au soleil couchant. Les accords d'un orchestre de guinguette arrivaient doucement à mes oreilles, se mariant aux chansons des canotiers, rayant l'eau de leurs périssoires.

Et je me disais : « Est-ce que cela va durer longtemps comme cela? Est-ce que tous les environs de Paris vont fatalement être marqués un à un d'une tache de sang? Est-ce que toutes les tonnelles seront désormais reconnaissables à un assassinat? Est-ce que tous les barbillons seront saumonés par le crime?

» Que de jolis endroits on m'a gâté pour toujours? Faut-il compter les villages qui me sont interdits par un ressouvenir homicide? J'avais un délicieux itinéraire pour mes dimanches d'été;

le voilà ainsi corrigé par la *Gazette des Tribunaux* :

» Le meurtre de Montreuil-sous-Bois ;
» Le cadavre de Joinville-le-Pont ;
» L'empoisonnement de Chatou ;
» Le pendu de Bezons ;
» Les noyés d'Asnières ;
» Le drame de Bougival ;
» La boucherie du Pecq ;
» L'infanticide de Maisons-Laffite ;
» Le parricide de Ville-d'Avray ;
» L'incendiaire de Créteil ;
» Le sacrilège de Meudon ;
» Le fratricide d'Argenteuil ;
» Le viol de Bois-Colombes ;
» Le suicide de Nogent, etc., etc.

» Qu'est-ce qui me restera, à présent que les assassins ont tout pris ? Où m'en irais-je herboriser sans courir le risque de ramasser, au lieu d'une pervenche, le bras ou la jambe d'une femme coupée en morceaux ? Est-il encore une oasis hors des fortifications où je puisse rimer un rondeau sans voir tout à coup se lever sur ma tête un merlin ou un couteau emmanché *sommairement* ?

» Triste, oh ! furieusement triste !

» Les grandes traditions du crime elles-mêmes vont se perdant. Il y a quelques années encore, les malfaiteurs (voyez ma politesse!) avaient la délicatesse de vous dire en vous abordant : *La bourse ou la vie!* C'était une attention dernière, quelque chose des belles façons des siècles antérieurs, un restant d'égards. On sentait la manchette de dentelles de Cartouche.

» Aujourd'hui, ah bien ! ouiche ! Le premier galopin venu, sans dire gare, vous saute à la gorge et vous *serre la vis...*

» Plus de procédés ! la décomposition sociale absolue... »

Ainsi pensais-je en me promenant le long de la Seine, du côté de Sèvres, au soleil couchant.

FIN

TABLE

NORD

BEAUVAIS. — Les fêtes de Jeanne Hachette............ 3
COMPIÈGNE. — Une conférence. — Inauguration d'une statue de Jeanne d'Arc.................................. 11
BOULOGNE-SUR-MER. — Frédéric Sauvage. — Sinistre en mer... 17
LILLE. — François Cottignies...................... 31
VALENCIENNES. — Les Incas......................... 34
EN ANGLETERRE.................................... 39
LONDRES. — Dîner chez le lord-maire. — La maison de Shakespeare....................................... 39
EN BELGIQUE. — La Belgique galante. — La Belgique financière. — Les chats de Louvain................. 60
EN HOLLANDE...................................... 80

SUD

AVIGNON. — Un jour à Avignon...................... 87
ARLES. — Les fêtes d'Arles, 1877................... 96
MONTPELLIER. — Les fêtes latines. — L'Alouette..... 106
MARSEILLE. — Monticelli........................... 111
SAINT-RAPHAËL. — Les régates...................... 113

Nice. — Le vicomte Vigier. — Nadaud. — Le prince de Monaco. — Au pays des orangers. — La route de la Corniche. — L'incendie du théâtre Italien............ 117
Monaco. — Acteurs et actrices. — Jomard. — Semaine sainte... 146
Menton. — Les anxiétés d'un reporter. — Jovis........ 180
En Italie. — De Turin à Milan. — Conversation avec Émile Ollivier.. 187
Venise. — Gœthe et Grassot............................. 191
Rome.. 195
Ischia... 198

EST

Auxerre. — Les retraites illuminées.................... 203
Bourges. — Visite de Stendhal........................... 208
Sens. — La statue de Jean Cousin....................... 210
Liesse... 213
Vaucouleurs. — Madame du Barry......................... 215
Lyon. — Molière à Lyon. — Amanda et Amandus. — Les vendanges.. 219
En Suisse. — A Genève................................... 239

OUEST

Rouen. — Adrien Pasquier. — Le cidre. — Edmond Morin... 249
Échauffour. — L'aubergiste d'Échauffour................ 255
Arromanches. — *La Bermuda*............................ 260
Nantes. — Cambronne.................................... 269
Le Croisic. — Sainte-Blague-l'Océan..................... 279
Lorient. — Bisson...................................... 286
Chinon. — La statue de Rabelais........................ 288
Bordeaux. — Premier voyage. — Le buste de Ligier. — Le Médoc. — Dans les vignes......................... 296
En Espagne. — Fêtes de Madrid........................... 319

FANTAISIES

De Paris a Paris. — La sonate du printemps. — Tout le monde n'aime pas la campagne. — Cloisons d'hôtel.

TABLE

Renouveau. — Le soleil. — Provinciaux à Paris. — Sur les chemins de fer. — Au pays allemand. — En wagon. — Un compartiment. — Sénateurs en voyage. — Les hôtels.. 323
A Marly.. 351
A Nogent-sur-Marne.. 353
A Asnières... 356
A Boulogne-sur-Seine... 358
Dans le Perche... 361
Loudun... 363
La Perse est ouverte... 366
Retour de Thèbes... 369
La campagne du crime... 372

Potteroz.

Imprimeries réunies, B, rue Mignon, 2.

Original en couleur

NF Z 43-120-8

www.ingramcontent.com/pod-product-compliance
Lightning Source LLC
Chambersburg PA
CBHW070441170426
43201CB00010B/1173